DIOS
ha extendido tu contrato
en el planeta
un día más,

_____

"¡Carpe Diem!"
¡Captura el día!
y utilízalo sabiamente.
Aprovéchalo y vívelo,
como si fuera el último.

_____

Respira profundo y sonríe feliz

Primera edición - 15,000 ejemplares

Impreso por Trade Litho
Miami, Florida

¡TÚ PUEDES!

Dr. Alfred D. Herger

EDICIONES PrimaVIDA

¡Tú PUEDES!

©1997 Alfred D. Herger, Inc.

ISBN 0-9633442-1-8

Otros libros del mismo autor:
   ¡Atrévete! Estrategias de Superación Personal.
   ¡SUPERATE! Alcanzando tu Excelencia.

Asesoramiento y supervisión de correcciones por:
   Armonía Artés de Padilla
   Antonia Belén Acevedo Colom de Herger
   Isabelle Legros

Para permisos y órdenes de compra:
   Alfred D. Herger Inc.
   Box 8607
   Santurce, P.R. 00910

Dedico esta obra
a la memoria de **Iván y Millie Morales**,
dos seres excepcionales que,
con el ejemplo de sus vidas,
siempre dijeron:
"¡Tú PUEDES!".
En homenaje póstumo también a mi amigo,
hermano y modelo,
el **Dr. José "Pepito" Marcano**, PSICOLOGO.

EN LA BRECHA

¡Ah!, desgraciado si el dolor te abate,
si el cansancio tus miembros entumece;
haz como el árbol seco: reverdece,
y como el gérmen enterrado: late.

Resurge, alienta, grita, anda, combate,
vibra, ondula, retruena, resplandece...
Haz como el río con la lluvia: ¡crece!
y como el mar contra la roca: ¡bate!

De la tormenta al iracundo empuje,
no has de balar, como el cordero triste,
sino rugir como la fiera ruge...

¡Levántate! ¡Revuélvete! ¡Resiste!
Haz como el toro acorralado: ¡muge!
o como el toro que no muge: ¡embiste!

José de Diego
(1855-1918)
Prócer puertorriqueño

C O N T E N I D O

Primer FACTOR:
LOS ALTIBAJOS DE LA VIDA

Segundo FACTOR:
LA PROGRAMACION MENTAL

Tercer FACTOR:
LA PSICOLOGIA DE LA PERSONA

Cuarto FACTOR:
EL NIVEL DE AUTOESTIMA

Quinto FACTOR:
EL IMPULSO DE LA MOTIVACION

Sexto FACTOR:
EL APRENDIZAJE CONTINUO

Séptimo FACTOR:
LA ACCION DECIDIDA

Octavo FACTOR:
LA ESPIRITUALIDAD EN EL SERVICIO

APENDICES

A través del texto encontrarás infinidad de mensajes
que te ayudarán a alcanzar tus aspiraciones.

¿ DEBES LEER...

Este es un libro para luchadores.
No es un mapa del camino hacia el poder personal,
sólo recoge comentarios sobre la travesía.
Contiene información útil
y datos que le señalan y sugieren rumbos al lector
...en su individual búsqueda de la superación.
El libro completa mi trilogía de títulos:
"¡ATREVETE!", "¡SUPERATE!" y "**Tú PUEDES!**"
Cada persona traza su propia ruta,
de donde está hasta donde quiere llegar.
Es tarea de cada cual y no pretendo ser guía ni
reclamo erudición en la materia.
Simplemente soy un buscador más,
medio perdido todavía por esos caminos de Dios,
pero como otros, caminando con la frente en alto,
con fe y perseverancia.
Yo pensaba que la verdad era como una perla:
única y preciosa.
Para lograr mis metas y ser feliz busqué por todas
partes esa GRAN VERDAD:
dentro de mi religión, en las disciplinas místicas
y en las teorías psicológicas.
Un buen día entendí que lo que buscaba
no tiene la forma de una perla,
sino que es en realidad como un diamante,
pues posee múltiples facetas.
A mayor cantidad de caras del diamante
que podamos descubrir y conocer...

...ESTE LIBRO?

¡más cerca estaremos de poseerlo!,
aunque nunca alcancemos su totalidad.
En el libro menciono algunos senderos
que he explorado para conocer varias caras
"del diamante". Existen muchos caminos...
Los profundamente religiosos ya tienen el suyo.
Otros no tienen mapas, ni fórmulas –
pero todos podemos aprender y crecer...
y al andar hacer camino.
¡Levántate y camina tu ruta!
Ten esto claro: no existe un fin predeterminado,
o destino final, llámese bienestar, libertad, felicidad.
Es un viaje – camina liviano.
¡Puedes soltar el exceso de equipaje!
Que si otros han podido lograr sus metas,
entonces ¡se puede!
Lo más importante: ¡Tú PUEDES!
Con este libro en las manos (y otros como él),
si te lo propones, te comprometes
y te haces responsable de dar lo mejor de ti,
vas a llegar muy lejos.
Infórmate, cultívate, educa los sentidos,
aprende a distinguir entre lo vano y lo valioso,
identificándote tú entre lo más valioso.
Cuídate y cuida de los demás, sin causarles
ni causarte ningún daño.
Yo te lo aseguro: si te esfuerzas,
*¡**Tú PUEDES**!*

"Si crees que no puedes ,
o
si crees que
tú puedes,
de cualquier manera
estarás en lo correcto."

Henry Ford

LOS ALTIBAJOS DE LA VIDA

*Comprender y compenetrarse
con la vida propia y las de otras personas
que se han ganado nuestro respeto y
admiración nos puede enseñar muchísimo
sobre este peregrinar por valles y montañas
...en que andamos día tras día.
Al conocer lo que otros han vivenciado
aprendemos a vivir lo nuestro también,
pues el ejemplo... ¡es el mejor maestro!*

EXPANSION... y contracción

Todo en la vida se da
en ciclos de expansión y contracción.
Al respirar, cuando late el corazón,
al reproducirnos prolongando la especie;
el día precedido por la noche,
el calor y el frío, la lluvia que se evapora...
Todo se mueve constantemente de un polo al otro:
de expansión... a contracción... a expansión...
Cuando estamos en expansión
nuestros asuntos marchan bien,
pero cuando nos encontramos en contracción,
¡es todo lo contrario!
(Sin embargo, las mayores lecciones de la vida
las aprendemos cuando estamos en contracción.)
A veces un lapso dura más tiempo que otro.
¡Nos puede parecer que la contracción no termina!
O si todo es glorioso, tememos el golpe que nos
aniquile el momento de felicidad.
Y el golpe viene... tarde o temprano.
Los cambios pueden ser lentos o veloces,
pero siempre habrá cambios.
Lo único que no cambia es que todo cambia.
Son las dos caras de la moneda que es la vida:
la EXPANSION... y la contracción.
No reniegues cuando te encuentres abajo en la rueda,
que el eje lo sostiene el mismo Dios.

LA VIDA COMO AVENTURA

Helen Keller, dijo algo así: *"Mi vida es una aventura día a día"*, y ella era sorda, muda y ciega.

Yo tengo ojos, oídos y hablo, pero a veces la vida me parece más basura que aventura. ¿Tengo derecho a quejarme tanto? Si otros han logrado hacer cosas grandes, medianas, pequeñas, pero valiosas... entonces ¿por qué yo no puedo? ¿Acaso no soy hijo de Dios también?

El título de este libro:**"¡Tú PUEDES!"**, está basado en algo que es enteramente cierto – el ser humano puede lograr sus más caros deseos, alcanzando las metas que se propone y otras que jamás imaginó.

Mi apreciado amigo **Rubén Blades**, que es abogado, cantante, compositor, actor y líder político en Panamá, nos recuerda en su canción "Pedro Navaja": *"La vida te da sorpresas, sorpresas te da la vida ... ¡Ay, Dios!"* He aquí algunos ejemplos:

¿Superhombres?

Mira a tu alrededor, entérate de las noticias: **Christopher Reeve**, un *"Superman"* dentro y fuera de la pantalla, quedó cuadripléjico. ¿Eso lo detuvo de luchar por los inválidos y seguir haciendo cine? No.

El físico **Stephen Hawking**, poseedor de la mente más brillante de nuestros tiempos, también cuadripléjico. Igualmente lo es **James Post**, quien a los 14 años sufrió un accidente y a los 26 se graduó de médico en Nueva York.

A los doce años **Julio Iglesias** quiso cantar en el coro de su colegio pero le dijeron: *"Olvida el canto que eso no es lo tuyo y ponte a jugar fútbol"*. El estudió la carrera de su padre, la abogacía, pero su corazón pertenecía al Real Madrid, equipo con el que llegó a jugar el fútbol "soccer" como profesional. Lamentablemente un accidente de auto lo deja inmóvil en un hospital – impidiéndole continuar siendo futbolista. Pero…mientras se recuperaba, aprendió a tocar guitarra… y compuso las canciones con las que se hizo famoso ¡como cantante!

En 1971, **W. Mitchell** sufrió quemaduras en el 65% de su cuerpo al chocar su motora y explotar el tanque de gasolina. Quedó desfigurado. *"Logré volver a aprender a vestirme, a manejar el auto y a pilotear mi avión, focalizándome en las metas, ignorando mis limitaciones"*– declaró –*"Cuando le resté importancia a mi fealdad, las demás personas lo hicieron también."*

Al tiempo fundó una empresa con la que ganó ¡tres millones de dólares! En 1975, Mitchell se estrelló en su avióneta y perdió ambas piernas. Postrado y mutilado, contrae matrimonio con su bella enfermera… Más tarde entra a la política y ¡sale electo Alcalde de su pueblo en dos ocasiones! En 1984 se presenta como candidato al Congreso de los E.U. con el lema *"No soy otra cara bonita"*. Es derrotado y declara: *"Perdedor es quien no compite… quien no trata ."* Tuvo un programa de televisión y hoy día es conferenciante. Desde su silla de ruedas con su mensaje de: *"¡Si yo pude tú también puedes!"*, W. Mitchell inspira a miles.

¿Supermujeres?

La estrella de la canción popular **Gloria Estefan**, en el pináculo de su carrera sufrió un horrible accidente que le quebró la espalda. ¿Y qué hizo, se quedó postrada en su lecho? ¿Aceptó quedar inválida, sintiéndose desdichada y reprochando su dolor? No.

Cantando y bailando… ¡llegó a las olimpiadas!

La estrella de TV **Joan Rivers** perdió su show, y su esposo, que era su agente, sintiéndose culpable por el fracaso, se suicidó. La tragedia trastorna a su hija y todo su mundo se desploma.

¿Se dió Joan Por vencida? ¡Jamås!

Sandra Zaiter, sufre un accidente que la deja paralizada. Con el correr de los años ella ha servido de ejemplo e inspiración para todos en Puerto Rico: al manejar su vida, su sillón de ruedas, su vehículo motorizado y una empresa con la que produce y anima programas de entretenimiento y educación para niños.

¿Quién es tan soberbio como para cuestionar los designios del Señor? **Todo en la vida tiene una razón de ser** - aunque no la entendamos en el momento.

Eso yo lo he comprobado personalmente.

Si otros han enfrentado con éxito las adversidades, entonces tu pregunta de: *"¿Seré capaz de sobreponerme?"* resulta un tanto ridícula.

Creyendo en Dios y en ti… **¡Tú PUEDES!**

Juntos exploraremos alternativas para convertir tu vida en una aventura. Pero que quede claro: nadie lo hará por ti…

Tú escoges: ¿será aventura … o basura?

19

"NUNCA...
NUNCA...
NUNCA...,
¡NUNCA TE RINDAS!"

Sir Winston Churchill

LA AVENTURA DE MI AMIGO

A los dieciseis años de edad mi mejor amigo viajó solito a cierta ciudad de E.U. donde se las ingenió para conocer a su ídolo, Dick Clark, una gran figura de la televisión norteamericana. En corto tiempo aprendió de este señor lo que necesitaba saber para retornar a Puerto Rico y crear los programas de TV con los que inició un movimiento artístico y musical que fue revolucionario.

Mi amigo logró hacerse famoso y respetado en su país antes de cumplir los 21 años.

Más adelante fundó empresas, dirigió corporaciones y contribuyó a la vida de muchos, ofreciendo oportunidades a gente joven con talento al producir espectáculos de sano entretenimiento.

Pero no es un cuento de hadas: muere su madre y es a mi amigo a quien le toca darle la triste noticia a su padre. Ayudándolo a sobreponerse, solidifican su relación. Varias veces tiene que correr con él rumbo al hospital, pues le daban ataques al corazón. Sin embargo, hasta su fallecimiento años después, su papá se repuso emocionalmente ¡y abrazó la vida!

Un buen día la vida lo sorprende con otros golpes: teniendo cuatro hijos y una abuela centenaria que atender, se van a pique su matrimonio de17 años, sus negocios y su fortuna. Había sufrido grandes decepciones y dolorosas traiciones en su caminar hasta llegar a los 37 años de edad: ¡crisis en la mediana edad!

¿Qué hizo? Pues regresó a la universidad para iniciar estudios conducentes a una carrera cuyo mayor grado es un doctorado. Abandonó el mundo del espectáculo donde era muy reconocido y bien remunerado; a todas luces parecía un disparate.

Contra viento y marea mi amigo se desarrolla dentro de la psicología clínica, un área completamente nueva para él. Tiene que re-inventarse como profesional de salud mental y transforma la visión que tiene de sí mismo como ser humano.

Estaba en la curva de los cuarenta.

Al poco tiempo de iniciar su feliz segundo matrimonio, una madrugada recibe la llamada telefónica que todo padre teme: el mayor de sus hijos varones casi se mata en un aparatoso accidente automovilístico. Toda la familia vive horas, días y meses de incertidumbre hasta que, gracias a Dios, el muchacho logra la total recuperación .

Más adelante, cuando está a punto de terminar la tesis doctoral para graduarse, entonces es que llega a sentir el más fuerte de todos los dolores: le asesinan al tercero de sus adorados hijos, quien sólo contaba con 22 años de edad.

La historia parece increíble, pero es cierta: poco tiempo después su hija, quien estaba felizmente casada con un excelente muchacho, enviudece, quedando su pequeña niña huérfana de padre.

Como si fuera poco, a esas devastadoras pérdidas se le añaden consecutivamente las muertes de otros cinco seres queridos, todos muy ligados a él, más una estimada clienta... falleciendo con semanas y meses de diferencia uno del otro.

Enterrando al hijo y llorando todas sus muertes, terminó la tesis y se graduó. Se hizo doctor en psicología a los 51 años de edad.

Pese a todo, él pudo.

Nota del autor:

Resulta fácil contar mi historia en tercera persona. Después de las tragedias y los golpes todavía lucho con la angustia, ¡pero sigo adelante! Publico libros y "cassettes" con mensajes de ayuda psicológica; hago programas en radio y TV; doy conferencias y seminarios en varios países, tocando la vida de muchas personas. Creo que mi ejemplo es válido: aunque la vida dé golpes y sorpresas ¡puedes seguir adelante! **Te garantizo que nada pega tan fuerte que marchite el espíritu – si sigues luchando con fe.**

Habiendo transcurrido tres años de los desconcertantes eventos: he publicado tres libros; mi hija Grace Marie sigue produciendo para la TV y ha encontrado un nuevo amor (¡seré abuelo por segunda vez!); Alfredo, el del accidente, se desarrolla en los negocios y como artista; mi hijo menor, Bernard (Sonny) obtuvo dos diplomas de Purdue University en Indiana (donde también estudió nuestro entrañable Benny) y ya tiene trabajo como ingeniero con la Du Pont, en Dellaware. ¡Estamos en expansión!

No pierdas nunca la fe en Dios, que vive en ti.

Lo digo porque lo he vivido. Perdí todo, estudié una nueva profesión. Pasé tormentas emocionales y pérdidas irreparables, pero... ¡vuelve a salir el sol! No he sido el único en caer y volver a levantarme... y volver a caer... y volver a levantarme... etc.,etc.

¡Levántate también... y sacúdete! **¡Tú PUEDES!**

23

UNA VIDA COMPLETADA

"Es una vida completada." – le escuché decir a una voz interna, claramente, cuando meditaba sobre la inaceptable muerte de mi adorado hijo Benny – *"No es una vida acortada, ni tronchada, es una vida completada."* En ese instante comprendí que a cualquier edad que muera la persona, ese es el momento en que su vida queda completada.

Dice una vieja leyenda china que todos venimos a la vida con un número preciso de respiraciones asignadas y que cuando hemos utilizado todas las que nos tocaron, pues… nos vamos.

El Dr. Luis Fernando Ocampo Marín me enseñó una filosofía muy reconfortante, que resumo así: *"Debemos agradecer el sacrificio del ser querido que muere, porque nos ha **regalado** la experiencia de entrar en contacto con **esa parte integral de la vida que es la muerte**. Ese regalo es bendición de Dios que nos eleva espiritualmente, nos permite crecer como personas y nos hace apreciar lo bella y misteriosa que es la vida."*

Añadió: *"Debes perdonar al que se ha ido por haberte dejado. Sólo el perdón alivia el dolor."*

Benny: te agradezco tu sacrificio y te perdono, mi queridísimo hijo. Ahora estás siempre conmigo.

Gracias a **Pedro, Mari, Walter, Beto, Ernie, Tito, Pepito, Iván y Millie,** por sus preciosos regalos de vida. Los amo eternamente. Y… ¡gracias **Princesa Diana**! Sus vidas se completaron… AMEN.

¿LA MUERTE NOS SEPARA?

Comparativamente, yo he sido agraciado en la vida. No me puedo quejar. Sería muy ingrato quejarme. *"¿Por qué poner un signo de interrogación donde Dios puso punto final?"*, me dijo alguien, consolándome, en una reunión de padres que habíamos perdido hijos.

En algunas culturas la muerte de seres queridos, no importan las circunstancias, es un evento que se celebra con gran regocijo. Su "programada" tradición les enseña que la muerte es liberación del yugo de esta vida cruel e ingrata y que ahora el ser que partió estará mucho mejor que los vivos, pues se encuentra en compañía de sus antepasados y de las deidades.

¿Qué nos dicta nuestra programación cultural? ¿Será cierto eso de que la muerte nos separa?

Existen elementos que brindan consuelo a los familiares, principalmente según las explicaciones religiosas que aceptemos.

Propone el Dr. Luis Manuel Belmonte, inspirador psiquiatra cristiano venezolano:

"Tal vez una partida temprana asegura una mejor vida eterna. Nadie sabe qué tipo de predicamento o acción encontraría el fenecido en unos meses o unos años más de vida. Posibles eventos que quizás le hubieran conducido a la condenación de su alma. Dios sabe lo que hace".

¿Por qué poner un signo de interrogación donde Dios puso punto final?

ANTHONY de MELLO DIJO:

√ "Nada tiene el poder de perturbarnos. Nos perturbamos nosotros mismos cuando algo sucede.

√ Fuimos educados para esperar que cambie lo externo.

√ Cuando uno se perturba tiene menos energía para hacer cosas y menos comprensión.

√ La vida no es cruel, la programación mental sí lo es.

√ Para nuestra iluminación y liberación, lo que nos hace falta es comprender.

√ El necesitar ser amado es una mentira.

√ Comprendamos que fuimos programados creándonos dependencia emocional en cosas y en personas "para ser felices".

√ No somos nuestros sentimientos, como tampoco somos nuestras emociones.

√ Si dejamos que la vida siga su curso ella se arreglará sola.

√ No vinimos a cambiar el mundo, vinimos a amar el mundo.

√ La felicidad se encuentra en el ansia de Dios.

√ Sólo la gracia de Cristo nos libera".

"Cuando seáis capaces de reíros de la vida en su propia cara, seréis soberanos del mundo."

Anthony de Mello
(1931-1987)

CON UN POCO DE AYUDA ...

En mi gestión de superación ante las tragedias familiares recibí mucha ayuda y apoyo de mi esposa, de mis familiares, amigos, colegas y de ¡desconocidos! Además hice un gran descubrimiento: las enseñanzas de un sacerdote jesuita que estudió y practicó la psicología: Anthony de Mello. Nacido y criado en la India, la sabiduría oriental permeó sus escritos y seminarios, logrando fusionarla magistralmente con las enseñanzas cristianas que profesaba.

Sus libros son manuales de vida y aún después de su muerte sus dulces palabras se mantienen vivas. El enseñó y advirtió, entre muchas cosas, sobre lo que llamó "nuestra programación", o sea, la barrera del "no puedo" que muchas disciplinas llaman el "ego", o "yo" negativo (*"negative self"*).

Me resulta fácil identificarme con Anthony de Mello, por nuestro amor a la psicología, por la formación cristiana, y por nuestro respeto ante la milenaria sabiduría del Oriente.

Comparto con el padre de Mello el interés por las religiones comparadas y me gusta conocer de otras religiones monoteístas (las que reconocen que Dios es sólo uno).

Soy dado a estudiar las creencias de otros pueblos, lo que me ha llevado a concluir que cada uno interpreta la *Divinidad* según su trasfondo cultural, nombrando la *Unica Deidad* con palabras de su idioma, de ahí los diferentes nombres que le han dado a Dios las diversas culturas.

Entre los hallazgos de mi sencilla exploración, como estudioso encuentro paralelo entre lo que enseña el *Zen*, (un desprendimiento del *Budismo*), con ciertos principios del *Cristianismo* y a mi entender, de Mello demuestra brillantemente esa similaridad en sus obras.

Aunque el tema central de este, mi tercer libro, es el desarrollo del potencial humano, lo expongo sin olvidar *la mano misteriosa* de nuestro *Creador*. El argumento central de **"¡Tú Puedes!"** es la propuesta **"querer es poder"**, pero muy bien pudiera ser **"creer es poder"**. Creer en nosotros y en ese *ser superior* que nos infunde sentido y le da dirección a nuestras vidas.

La premisa básica de este trabajo es esa necesidad (consciente o inconsciente) que yo entiendo compartimos todos: identificar, conocer y liberarnos de ciertos mandatos que ciegamente seguimos y que nos aprisionan como barrotes auto-impuestos. Esto es lo que llamo "el gran descubrimiento" en las enseñanzas del padre de Mello: su énfasis en "la programación".

Por mis estudios, entiendo que dicha programación es tanto mental como emocional y tiene raíces en nuestras experiencias y nuestro desarrollo psicológico, amén de la tradición cultural, el ambiente y la estructura familiar en que nos criamos.

En muchas ocasiones esos esquemas mentales son responsables de guiar y controlar pensamientos, sentimientos y actuaciones (en ese orden), como postula la psicología contemporánea: nuestras creencias producen emociones y éstas motivan la manera como actuamos.

Debo aclarar que Anthony de Mello no es de ninguna manera el primer psicólogo que identifica la "grabación" de impresiones sensoriales, mentales y emocionales como base y causa del comportamiento.

Muchos filósofos y psicólogos han presentado teorías similares llamándolas con nombres distintos.

Lo que encuentro revolucionario en su pensamiento es su manera de explicar cómo podemos manejar exitosamente dicha programación.

¡Que se puede!

¡Tú PUEDES!

<u>Esencialmente de Mello postuló que:</u>
√ **Podemos superar nuestra relación con lo programado, tomando conciencia de sus influencias pero coexistiendo libremente con estas estructuras mentales, sin sentirnos esclavizados por lo que fue, por *"lo que debiera ser"*, o por lo que nos hemos creído hasta el presente.**
√ **Podemos mantener la mente y el corazón livianos disfrutando plenamente del paraíso terrenal: LA VIDA.**
√ **Podemos conocer, comprender y aceptar la realidad, pero evitando a toda costa abrigar resentimiento hacia afuera ni sentir recriminación hacia adentro.**

(Si tú crees …) ¡TU PUEDES!

(Letra y música de Alfred D. Herger)
Intérprete: Alfredo Herger, Hijo.

Si tú crees que tú puedes…
lo vas a lograr.
Si tú crees que tú puedes…
tu sueño alcanzarás.
Si tú crees que tú puedes…
lo conseguirás.
Si tú crees que tú puedes…
¡Nada te detendrá!

Si... yo... creo que yo puedo...
lo voy a lograr.
Si yo creo que yo puedo...
mi sueño voy a alcanzar.
Si yo creo que yo puedo...
lo voy a conseguir.
Si yo creo que yo puedo...
¡Nada me detendrá!

Si... creemos que podemos...
lo lograremos.
Si creemos que podemos...
el sueño alcanzaremos.
Si creemos que podemos...
lo conseguiremos.
Si creemos que podemos...
¡Nada nos detendrá!

ASI ES LA VIDA

Es importante reconocer que nuestras vidas han cumplido un cometido importante.

Por ejemplo: nos han traído hasta aquí y estás leyendo esto que te escribo. Las cosas han sido como han sido. Pudieron y quizás debieron haber sido distintas, pero eso, ¿quién lo puede asegurar?

Con el correr del tiempo nos damos cuenta que todo ha sido como tenía que ser, y que todo tiene un "porqué", pero más importante aún, que todo tiene un "para qué" y un "por dónde".

¿Recuerdas la metáfora del que se ahoga en un vaso de agua? Pues pudo haber sido en una piscina o en el mar, tal vez porque no hizo el intento por sobrevivir.

Lo que pasó, pasó.

"La vida es dura" reza la primera oración del libro que más semanas ha permanecido en las listas de los más vendidos en E.U. "La vía menos transitada (The Road Less Traveled)" del Dr. M. Scott Peck.

Es totalmente cierto, la vida es dura.

Nadie se libra de eso. Todos pagamos el precio de vivir: sufrir. El precio de vivir es sufrir. Unos primero, otros después, unos de una manera, otros de otra. Si no se paga a la entrada, se paga en algún intermedio, o a la salida. Nadie se va sin pagar.

Así es la vida.

Dura.

En su libro "Es más fácil…de lo que te imaginas (It's Easier Than You Think)", Sylvia Boorstein, consejera, psicoterapeuta y maestra de meditación, cuenta que al morir prematuramente su madre, el papá de ésta (el abuelo de Sylvia), quien era un recio trabajador, de escasa educación formal, emocionalmente se desplomó, como era de esperar.

¡Había muerto su hija!

Más para sorpresa de todos, a los pocos días el buen señor se compuso, vistiéndose y preparándose para ir a trabajar… como lo había hecho durante toda su vida… como si nada hubiera sucedido.

Sylvia, preocupada y algo molesta ante la aparente indiferencia de su abuelo, le preguntó cómo podía hacer una cosa así ¿y por qué? Relata que el anciano le contestó: *"Mi querida nieta, cosas tristes suceden, pero la vida sigue. ¡Así es la vida, qué le va uno a hacer!"*

La vida no es fácil. No te engañes, es dura.

Pero sencillamente, la vida es como es.

Déjala ser. Observa, conoce, comprende, acepta y haz lo que tienes que hacer, pero sin apegos ni recriminaciones. Si suceden cosas tristes y emocionalmente te sientes por el suelo, pues eso es normal. A veces es conveniente ser normal… y a veces no…

Así es la vida: dura. Pero es posible vivirla. Más que "sobrevivir", ¡VIVIRLA! Aunque por ratos nos duela. Se sufre, pero se goza. Una de cal… y otra de arena. Otros han podido, muchos pueden… y siguen adelante. **¡Tú PUEDES!**

NO SE VIVE GRATIS

La gran lección de la vida es: *"Aquello que tú siembras es lo mismo que cosechas"*.

No es tan difícil ni misteriosa la tarea de vivir con éxito. Es tan simple como tener una finquita de la cual se depende. De acuerdo a como tú la atiendas o desatiendas así será tu subsistencia. Si no le pones límites, linderos, no sabrás hasta dónde llegan tus derechos, ni tampoco podrás prevenir que otros entren y se sirvan de lo tuyo.

Si no limitas el acceso podrá entrar toda clase de animales y destrozar lo que hay en tu huerto. Hay quienes dejan que su finquita se desarrolle como sea, sin intervenir, y no se ocupan de seleccionar bien los productos que van a sembrar, ni se ocupan de proteger ni fertilizar esos productos.

Tampoco tienen paciencia, ni saben esperar a que el curso de la naturaleza lleve a feliz término cada sembrado. Arrancan el fruto antes de tiempo y pretenden comer lo que aún no se ha madurado.

Otros dejan que se desarrolle cualquier clase de planta o arbusto que puede dañar la buena hortaliza. No sacan el malojillo ni mantienen limpia la finca, y después esperan que la suerte los ayude. Quieren que se dé todo perfectamente por obra y gracia del *Espíritu Santo* y cuando no les sale la vida como esperan, o desean, entonces se quejan y maldicen o le echan la culpa a otros, o a la suerte, y se apenan de sí mismos.

> *Todo se da a su tiempo:*
> *Hay un tiempo para sembrar,*
> *un tiempo para esperar a que madure el grano,*
> *y un tiempo para cosechar.*
> *Deja que la naturaleza siga su curso.*

Nada es gratis. Que no se nos olvide: nadie viene al planeta a vivir gratis.

Aquí en la tierra todo tiene un costo. Si uno no lo paga ahora, tarde o temprano lo tendrá que pagar. Si se tarda, subirán los recargos y los intereses y la cuenta será mucho más alta.

Todo se paga aquí en este mundo. Si no pagas con dinero, pagarás con esfuerzos, con sacrificio, malas noches, trabajo, sangre, sudor y lágrimas.

Pagarás con tu salud o con sufrimientos, ¡hasta con la propia vida!

Nadie obtiene nada sin pagar algo a cambio.

Si te entretienes en pasar un buen rato y no puedes, o mejor dicho, no quieres atender tus responsabilidades, no te engañes, que después de gozar tendrás que pagar.

Nadie se va sin pagar.

Es aquí en esta vida donde se pagan las deudas contraídas y donde se cobran las recompensas ganadas.

¿El costo de la vida? Vivirla.

No tiene precio y cuesta muchísimo.

Pero todo se da a su tiempo … *y nada es gratis.*

CONOCERSE UNO MISMO

Primero que nada, conócete bien.

Acepto que es muy fácil pregonar lo siguiente: *"La manera más sabia de vivir y de sentirse bien es evitar apegarse a las cosas y la gente, dejando de exigirle a la vida los resultados específicos que nos complazcan, optando por aceptar aquello que tenemos, sea esto bueno, malo o regular, sin juzgar ni mortificarnos, siendo genuinos y siempre actuando para realizar lo que haga falta y sea correcto, hasta alcanzar ser, hacer y tener lo mejor que podamos. Así tal vez llegaremos a ser felices".*

Es fácil decirlo. No es difícil entenderlo. Pero, ¿ponerlo en práctica? *"Ahí está el detalle"*, como decía el amado filósofo Mario Moreno.

"Del dicho al hecho va mucho trecho" – decía mi abuela (otra muy amada filósofa). Recuerda que el primer paso de nuestra gestión para superarnos es conocer. ¡Conocernos mejor!

En lo alto del monte Parnaso en Delfos, Grecia se encuentran las ruinas del templo a Apolo, construído hace dos mil quinientos años. Allí, en el mármol están inscritas las palabras claves del poder personal: *"Conócete a ti mismo"* y *"Todo con moderación"*.

Identifica tus apegos y adicciones, observa tu programación en cada momento y nota tus reacciones ante las diferentes situaciones. (Puedes llevar una libreta para apuntes.)

No combatas tu programación, simplemente reconócela. De entrada eso te reducirá en un buen porcentaje la angustia y el sufrimiento. ¡Ya estarás haciendo algo!

Lo próximo es comprender.

Puedes familiarizarte con información sobre el comportamiento humano, el desarrollo de la personalidad, los roles que asumimos y las defensas psicológicas que utilizamos; cómo nos afecta la influencia familiar y la tradición cultural, y en particular cuales son nuestros pensamientos más comunes. Existen seminarios, cursos, conferencias, libros, grabaciones y profesionales de ayuda disponibles.

Este libro te va a brindar buena información.

A mayor información, mayor comprensión.

Tener información es tener poder.

Entiende tu manera de ser y entenderás la de los demás. Desarrollarás compasión ante las diferencias individuales. Comprenderás que no todos reaccionamos igual ni pensamos o sentimos de la misma manera.

También serás más condescendiente contigo.

No nos queda más remedio que aceptar que somos como somos, que los demás son como ellos son y que la vida es como es, aunque no nos guste ninguna de las tres cosas. No podemos cambiar a nadie, sólo cambiarnos nosotros… y eso no es tan sencillo.

En cuanto a la vida, pues hay que aceptarla como viene. Sólo podemos trabajar con nuestra interpretación de lo que percibimos, alterando el significado y/o la importancia que le damos a lo que ocurre.

Iniciarás el lento movimiento hacia el cambio en tu estado básico de ser y sentir al comenzar un proceso que va a tomar tiempo, requiere paciencia y tolerancia, especialmente con tus ataduras y viejos hábitos.

Tu programación, esa forma de ser, tomó una cantidad de años en solidificarse, así que no pretendas cambiarla como si apagaras una lámpara, "¡click!"

Es cuestión de tiempo y costumbre.

El trecho pudiera ser dificultoso, áspero, empinado, espinoso. Simplemente obsérvalo. Es como es. Podemos permanecer abiertos a la infinita gama de posibilidades que existen para atender cada situación.

Cada momento es nuevo.

Cada instante es único e irrepetible. No lo dejes pasar inadvertido. Jamás se repetirá.

Ocúpate de lo que vives aquí y ahora sin perder de vista, (como mirando de reojo): ¿quién eres, de dónde vienes y hacia dónde vas?

Consciente, mente alerta, sin esforzarte, disfruta de cada respiración.

Vive aquí . Vive ahora.

¡Tú PUEDES!

EL PRESO Y SU CARCELERO

Un acertijo muy antiguo dice así: *"Al terminar una gran batalla, cierto soldado tiene que pasar todo el tiempo vigilando a su prisionero. ¿Quién estará más aprisionado, el reo... o el guardián?"*

La moraleja de esto, ¿pudiera aplicarse a la relación amorosa... a la relación de padres e hijos? ¿Cómo? ¿Es que el amor tiene que venir acompañado de posesión?

Si dejamos de depender de otra persona, de sus actuaciones, de sus opiniones, de sus aplausos, rechazos o de su cariño, seremos totalmente libres. Libres para amar a esa persona y para ser como somos.

Disfruta de las personas, observa sus actuaciones sin que te afecten (salvo que te ataquen físicamente). Podemos conocer sus opiniones sin permitir que éstas nos hieran y tener sus aplausos o su indiferencia sin que esto altere nuestra estabilidad emocional.

Recibiendo el cariño sin temor a perderlo, ¡seremos libres en verdad!

Estaremos disfrutando de la vida cada instante.

Ahí reside el poder personal; cuando logramos despegarnos de las cosas, la gente y los eventos de la vida. En vez de exigir... ¡preferir!

Recuerda: uno es el carcelero, pero... ¡también es el prisionero!

UNA LECCION EN BOLERO

Si no puedes concentrar en lo que sucede cada momento, es porque tu corazón y tu mente están añorando otro asunto, o porque algo te preocupa o mortifica.

Corres el peligro de que se marche y te deje el autobús, tren, avión o lo que necesites para seguir adelante. En mi pueblo dicen: *"Te quedas a pie"*.

Se te escapa la vida mientras haces planes para vivirla.

Un bello viejo bolero proclamaba:

"Hay que vivir el momento feliz".

¿Para cuándo lo vas a dejar? ¿Cuándo ahora es el mejor momento ahora para vivir ahora? (La oración está correcta.)

Muchas personas se auto-programan para obtener su felicidad o libertad el día de "cuando...". ¿Conoces ese día?

"Cuando me enamore... cuando me case... cuando tenga hijos... cuando compre la casa... cuando tenga un trabajo... cuando me gradúe... cuando los niños crezcan... cuando me vaya de vacaciones... cuando me den el nombramiento... cuando me jubile"

¿Cuándo mueras?

¿Para cuándo lo vas a dejar?

¿Quién lo hará por ti?

¿Cuándo comenzarás a vivir ahora mismo?

¡Tú PUEDES!

*Básicamente existen
tres clases de personas:
1- Las que hacen que las cosas pasen.
2-Las que miran las cosas que pasan.
3-Las que no saben…¡qué rayos está
pasando!*

TRABAJA TU CASO

Vive la vida, disfrútala, utiliza lo que está disponible para ti. Usa la *infinita sabiduría* natural que el *Creador* depositó en ti. No permitas que la "programación" la bloquee.

Hazlo sin apegarte a nada ni a nadie, siendo libre, individualmente libre y respetando la individualidad ajena; apreciando a las personas como ellas son; sin desear ni apegarte a que sean diferentes.

Toma las cosas como vienen. Si no te agradan, acepta como son y actúa según tu mejor criterio, pero sin los colores de la emoción negativa, ni la molestia. No lo hagas para sentirte bien. Hazlo porque es lo correcto, porque es necesario, y no te aferres a los resultados. No todo tiene que resultar según lo planificas.

Dicen que los resultados son el mejor maestro. Ellos te indicarán si actuaste acertadamente o no.

Tómalo todo con calma y buen juicio. Aprende de los errores y sigue haciendo. Será como Dios quiere, sí, pero El quiere que tú pongas de tu parte; no se lo dejes todo a Dios.

Libéralo de ti liberándote de tu programación mental y emocional.

En la genial película "¡Oh! Dios (Oh! God)", el inolvidable actor George Burns representa una encarnación de Dios que quiere informar a los habitantes del planeta que El ya les facilitó todo lo necesario para que vivieran bien, libres y felices.

El mensaje de Dios en el *film* es que todo ya está hecho, que lo único que hace falta es que los seres humanos pongan de su parte ¡y que lo dejen tranquilo!

Sacúdete de esa desacertada programación mental y emocional, desenmascara tus creencias falsas… y ponte a trabajar con tu caso. ¡No se lo dejes todo a Dios!

Hazte responsable de tu vida.

¡Tú PUEDES!

PENSADORES EN ACUERDO

Mentes brillantes concuerdan en el modo de lograr la liberación de las ataduras mentales para "poder". Veamos:

Logramos ser auto-suficientes en la medida en que aceptemos lo que tenemos... cuando no sentimos padecimiento ni desvelo por lo que carecemos... o por lo que deseamos. Lo ideal es no someterse a deseos ni apegos, según predicó Buda.

Podemos ser felices cuando disfrutamos de lo que tenemos – pero sin apegarnos a ello – sin adictarnos al punto de que si lo perdemos nos invadirá la angustia.

Sentarnos a la mesa o levantarnos, sin que una cosa ni la otra sean vitales. No es indiferencia, es sabiduría: saber que primero somos; antes de ser y de tener.

San Pablo escribió: "He aprendido a contentarme con lo que tengo" (Flp 4,11).

¡Hay que ser y hacer; antes de tener!

Ken Keyes se destacó como reconocido pensador contemporáneo, escribiendo libros sobre el elusivo estado de "felicidad" y dirigiendo el instituto de superación personal llamado "Living Love/Cornucopia" batallando exitosamente desde su silla de ruedas gracias a su sabia filosofía de vida.

El sugiere elevar nuestras **exigencias** a un nivel de **"preferencias"** de manera que siempre nos satisfaga lo que está disponible, aunque podamos preferir algo diferente. Esto se aplica a lo material, a lo interpersonal, a lo afectivo, en fin, a todo en la vida.

Las "exigencias adictivas" son la causa de nuestros sufrimientos, expone Keyes, en su libro "Handbook for Higher Consciousness" – replicando también los preceptos de Buda.

Nuestra misión, si es que decidimos aceptarla, es liberarnos de las exigencias adictivas, apegos y deseos, en otras palabras, manejar esa programación que nos ha dominado, para que no nos domine más.

Autoridad interior; con astucia y gentileza.

Cuando uno se apega a que algo o alguien "tiene que ser así" o "debe ser de tal forma", si no resulta ser como esperamos, nos defrauda. El reconocido psicólogo Albert Ellis le llama: *"La tiranía de los tienes y los deberías"*. Esa trampa se la tiende uno mismo; es un disparate.

La frustración, la molestia y el coraje nos embargan cuando el asunto no es como queremos porque **exigimos** en vez de *preferir*.

¡La realidad es que nos estamos limitando!

Si existen miles de opciones, de alternativas, de formas posibles de que las cosas y la gente sean, ¿entonces por qué aferrarnos a una sola manera? ¿A la nuestra?

Parafraseando a Anthony de Mello: *"Cuando puedas disfrutar del aroma de mil flores, no echarás mucho de menos la falta de una flor"*.

VIDAS FAMOSAS

George Bush, el ex-presidente de los Estados Unidos, se lanzó en paracaídas desde un avión a los setenta y dos años de edad. Sentía deseos de hacerlo y lo hizo.

Mark Twain, aprendió a correr en bicicleta el día que cumplió los cincuenta y cinco años.

Picasso, a los ochenta y siete comenzó uno de sus más ambiciosos proyectos de dibujo y **Grandma Moses** exhibió sus pinturas por vez primera, en la ciudad de Nueva York, a los setenta y nueve. Ella siguió pintando, logrando veinticinco obras de arte aún después de cumplir los cien años de edad.

Durante más de ochenta años, **Pablo Casals** comenzó cada día de su vida practicando varias piezas musicales. **Andrés Segovia**, después de cumplir noventa años, continuaba ofreciendo alrededor de cincuenta conciertos al año. **Beethoven**, completó la novena sinfonía a los cincuenta y tres.

Robert Frost, a los ochenta y seis años de edad fue el primer poeta en recitar en E.U. durante la ceremonia de inauguración de un presidente: John F. Kennedy.

Benjamín Franklin escribió su autobiografía a los ochenta y dos. A los ochenta y cinco, **Carl Sandburg** publicó lo que muchos consideran sus mejores obras.

Frank Sinatra, a los setenta y siete graba discos que venden millones cantando a dúo con Barbra Streisand, Julio Iglesias, Tony Bennet, Gloria Estefan, Charles Aznavour, Luis Miguel, Bono, Liza Minelli, Natalie Cole, y muchas otras estrellas contemporáneas.

Tony Bennett, pasando los setenta, es uno de los cantantes admirados por la generación de MTV y sus bellísimas pinturas se venden por miles de dólares.

Da Vinci pintó "La Ultima Cena" a los 44 y dicen que comenzó la "Mona Lisa" a los 51.

Robert Bly cumple 63 años cuando publica "Iron John", libro que en la década de los noventa hace una diferencia en cuanto a lo que significa "ser hombre".

Victor Hugo, publicó "Los Miserables" cuando cumplió sesenta; **Dostoyevsky** completó "Los Hermanos Karamazov" llegando a los sesenta; **Cervantes** publicó Don Quijote cuando cumplió cincuenta y siete años de edad; **Boris Pasternak** completó su monumental novela "Dr. Zhivago" a los 66 y **Verdi** escribió Otelo a los setenta y dos.

Sonny Bono, ex-esposo de Cher, con quien hizo furor cantando a dúo en la época de los *"hippies"*, a los 59 años se hizo congresista en Washington. Por otro lado, su coetánea, **Tina Turner,** casi llegando a la curva de los sesenta, está contratada para anunciar medias de mujer gracias a las bellas piernas que mantiene, y cualquier cantante juvenil le envidia su energía sobre un escenario.

Entre los 15 y 16 años de edad mi amigo **Paul Anka** compone "Diana", la graba ¡y vende millones!

A los nueve años, a Jorge Luis Borges le publican su primer trabajo, una traducción al español del cuento "El Príncipe Feliz", de Oscar Wilde, mientras que a los seis, **Helen Keller** aprendió su primera palabra: "Agua".

Ellos pudieron … **¡Tú PUEDES!**

LA PROGRAMACION MENTAL

Muchos estudiosos de los procesos mentales
han descrito al cerebro humano como la
computadora más poderosa que existe.
Siguiendo este modelo, se puede describir
aquel conjunto de nociones, ideas, creencias,
principios, opiniones, prejuicios,
posiciones intelectuales, etc.,
como "el programa"
de la computadora mental.
¿Será cierto que se puede programar
la mente? ¿Estamos programados?
Muchos psicólogos creemos que sí.
Pero el debate continúa…

*"Nada detendrá a quien posea
la actitud mental correcta;
nada ayudará a quien tenga
una actitud mental equivocada."*

Thomas Jefferson

FLASH:

Los investigadores de la física cuántica han confirmado lo que Albert Einstein teorizaba: que absolutamente todo en la creación está compuesto por partículas que se mueven dentro de un campo energético rodeadas por espacio vacio. El más sorprendente descubrimiento es que dichas "partículas elementales" se mueven y actúan de acuerdo a las expectativas, ideas o "paradigmas" del científico particular que las observa. Con unos realizan ellas cambios de dirección o posición, mientras que con otros se transportan de un lugar a otro sin moverse ni trasladarse, diríamos, mágicamente. La ciencia confirma que el pensamiento crea milagros alterando una "realidad" que es observada y físicamente comprobada.

"Todo es posible para el que cree"
Marcos 9:23, La Biblia

ACTITUDES SALUDABLES

Repasemos algo de lo aprendido durante el inolvidable seminario sobre "Un curso en milagros" que tomé con el Dr. Gerald Jampolsky y su esposa Diane. Reviso mis notas y encuentro una serie de ideas que siempre me inspiran. Especialmente al recordar la manera como desempeñan su labor con los enfermos.

Ellos aplican principios de amor incondicional para cambiar las actitudes de pacientes con enfermedades terminales, particularmente niños con cáncer. Los resultados son milagrosos. Su filosofía y terapia se conocen como "Curación de actitudes" (Attitudinal Healing) y ya se practica en muchos lugares del mundo.

Estas son las doce premisas de la "Curación de actitudes" promulgados por los Jampolsky:

1- La esencia del ser es el amor.

2- La salud nace de la paz.

3- Dar y recibir equivalen a lo mismo.

4- Puedes liberarte del pasado y del futuro.

5- Sólo existe el momento presente, aprovecha cada instante para dar.

6- Puedes aprender a amarte y amar, a través del perdón, cuando dejas de actuar como juez.

7- En vez de faltas y errores, busca amor.

8- Puedes elegir el mantener la paz interior, no importa lo que esté ocurriendo alrededor.

9- Todos somos estudiantes y maestros, unos de los otros.

10- En la vida ocúpate de apreciar más el todo que las partes o los fragmentos.

11- Como el amor es eterno, no te debe causar temor la muerte.

12- Siempre puedes percibir como los demás están extendiéndote su amor o como te están pidiendo que de alguna manera los ayudes.

¡Es reprogramación mental total!

Analicemos la esencia de estos axiomas.

√ Si tenemos tranquilidad estaremos saludables: los más recientes hallazgos sobre el funcionamiento del sistema inmunológico demuestran que al tranquilizarse la persona, el sistema nervioso limita la producción de las "adrenalinas" a la vez que se estimula la secreción de las "endorfinas". En otras palabras, que el cuerpo se repara a sí mismo.

√ Lo de dar y recibir parafrasea el antiguo proverbio: *"La recompensa de una buena acción es simplemente haberla hecho".*

√ Podemos liberarnos del pasado y del futuro, viviendo aquí y ahora, sin contaminar lo nuevo con lo viejo y sin esperar a que llegue el día de mañana para entonces hacer lo que podemos hacer ahora.

(*"No dejes para mañana lo que puedes hacer hoy"*, me decía mi abuela.)

Estos preceptos también nos recuerdan que no somos Dios para juzgar a los hombres ni para juzgarnos a nosotros mismos, pero que tenemos el poder de controlar como reaccionamos ante las personas y los eventos; principio básico de la psicología moderna.

Concluyen delineando nuevas alternativas para una nueva visión en cuanto a nuestra relación con los demás y también frente a la vida misma, liberándonos del temor hacia la muerte y brindándonos nuevas perspectivas hacia la comprensión de nuestros semejantes.

Sanar las actitudes.

¡Tú PUEDES!

SINTESIS

1- Que todo es cuestión de actitud.

2- Cambiando las actitudes, modificaremos la interpretación que le damos a los eventos en la vida y por lo tanto, los efectos que puedan tener en nosotros.

3- Las actitudes negativas son una enfermedad que podemos curar si logramos comprender que los pensamientos son la materia prima de los milagros.

4- Como nuestras actitudes se forman por la manera en que pensamos, entonces la medicina para sanarnos la encontramos en el "milagro" del pensamiento positivo.

La lógica es simple: es más saludable pensar positivamente.

¿Quién produce tus pensamientos?

¿Quién puede hacer el milagro de transformar una actitud negativa en una visión enriquecedora de la vida, cambiando los pensamientos?

¿QUIEN CONTROLA TUS PENSAMIENTOS?

Cuando te invada la mente alguna idea negativa, te puedes regañar internamente, pensando: *"¡No voy a pensar en eso!"*. Esto lo puedes acompañar de un gesto de decisión, una palmada o tal vez un pellizco. Es parte de una técnica de modificación de conducta utilizada para controlar pensamientos recurrentes (*"Thought stopping"*).

Recuerda que quien genera los pensamientos eres tú. Los pensamientos no son dueños de ti, tú tienes pensamientos, como tienes otras cosas, manos, pies, etc. Usalos con dominio y autoridad interior.

Dejar que los pensamientos te controlen es como si permitieras que tu mano te estuviera dando galletazos y sólo te quejaras y lamentaras. Tu mano ¡no te manda a ti! Las ideas y los pensamientos tampoco.

Las formaciones mentales son igual que los niños, se asustan y obedecen. Si los reprendes fuertemente, se alejan y no se atreven a volver.

Te puedes decir: *"Respira profundo. cálmate. No actúes impulsivamente."* Eso cae en cualquier situación.

También puedes utilizar frases que te animen: *"Atrévete, hazlo... que de los cobardes no se ha escrito nada"*... O: *"El que no se toma riesgos se estanca. ¡Anda, anímate!"*.

Controla tus pensamientos.
Piensa positivo.
¡Tú PUEDES!

PARA CREAR "MILAGROS"

Cuando se refiere a milagros, el atesorado manual titulado:"Un curso en milagros" primordialmente se refiere a pensamientos puros y elevados.

Como es un texto algo complejo, agradezco a sus estudiosos, el Dr. Jampolsky, Marianne Williamson, Tara Singh y otros, la tarea de simplificarlo.

Para aumentar la capacidad de crear milagros, nos sugieren que "programemos" estos principios:

√ A la larga se recibe más de lo que se da.

√ Se puede aprender hasta de un niño.

√ No es cuánto hacemos, sino con cuánto amor lo hacemos. (Más que la cantidad, es la calidad.)

√ Lo que se hace sin amor no tiene valor. El amor le añade una dimensión divina a las obras.

√ Los pensamientos son tan poderosos como las acciones. Por eso debemos tener mucho cuidado con lo que pensamos.

√ Para que los días tengan significado, ofrecer cada mañana una plegaria pidiendo poder hacer una contribución positiva a la vida.

√ Los errores son para corregirse, no para culparse y lamentarse. Te levantas, te sacudes, pides excusas, arreglas lo que no salió bien y sigues adelante.

√ Nuestro propósito en la vida es llevar el mensaje de Dios a toda criatura que nos encontremos.

√ No perdonar es escoger sufrir. Tú puedes

liberarte del resentimiento y alcanzar la paz interior o seguir sufriendo. ¡Seguir sufriendo! Cada cual escoge.

√ No perdonar es mantener viva la esperanza de que puedes cambiar el pasado. Si alguien logra cambiar lo que pasó, ¡que venda la fórmula!

√ Perdonar es un asunto personal que te afecta interiormente y no tiene que ver con la otra persona.

√ Tu cuerpo se ocupará de derramar mañana aquellas lágrimas que contengas hoy. Si no brotan, esas gotas podrían llegar a convertirse en enfermedades.

√ Creando pensamientos divinos verás tu mundo divino. Mantén a Dios en el pensamiento.

√ Cuando dejemos de racionalizar y comencemos a amar, acortaremos la gigantesca distancia entre la cabeza y el corazón.

√ Dile a tus hijos lo maravillosos que son y dile también cuando hacen cosas que no son tan maravillosas como ellos, para que les nutras la autoestima y les señales el camino hacia la superación.

√ Acepta los padres que tienes como los perfectos para ti y para tu aprendizaje y crecimiento. En cuanto a los hijos se refiere, lo mismo.

√ Cada experiencia que vives es una lección positiva que te da la vida, aunque te duela.

√ El juzgar a otros y juzgarte, fatiga el alma.

Cultiva estos principios…

¡y crearás tus propios "milagros"!

¡Tú PUEDES!

ACTITUDES NEGATIVAS

Muchos males azotan nuestra sociedad. Los conocemos, leemos sobre ellos diariamente, los vemos y escuchamos en las noticias. Males que nacen de la corrupción, de la pobreza, vs. la desaforada acumulación de dinero, de la falta de oportunidades, de la equivocada gestión política de supuestos líderes, etc., y males que se manifiestan en el abuso de alcohol y las drogas, en la criminalidad, los actos de violencia, etc.

Vivimos tiempos difíciles, es cierto, pero me gustaría señalar algunos males que tienen sus raíces en las **actitudes negativas** que asumimos y que son más responsabilidad personal que colectiva.

Por ejemplo, **la hostilidad**.

Quizás influenciados por los continuos abusos y la ola de crímenes, ciertos individuos se encuentran en un estado de virtual paranoia y esto los conduce a actuar constantemente de forma defensiva. Entonces, en vez de defenderse, atacan. Quieren dar el golpe primero, antes de que se lo den a ellos, pero, ¿y si el otro no traía malas intenciones? ¡Entonces ellos mismos están promoviendo lo que tanto temen!

En cuanto a esas sospechas de las intenciones de los demás, tradicionalemente existen dos posiciones. La primera es darles el beneficio de la duda hasta que demuestren que no se lo merecen, o sea, tenerles confianza hasta que por sus actos la pierdan. La otra es desconfiar hasta que se hayan ganado nuestra confianza.

Tú escoges. Ambas posiciones tienen puntos a favor y en contra. Todo es cuestión de la actitud.

El problema estriba en irse a los extremos: cuando se confía demasiado, nos pueden tomar el pelo, pero al actuar de manera extremadamente desconfiada podemos ganarnos el que seamos tratados de mala voluntad y con antipatía.

La hostilidad va de la mano de **la intolerancia**, pues muchas veces nos apresuramos a emitir juicios llegando a conclusiones sin una base verdadera, cometiendo graves injusticias y ocasionando conflictos en los que a la larga o a la corta, salimos perjudicados.

Examinemos nuestras impresiones, por si es que le estamos proyectando injustamente a esta persona la mala experiencia que tuvimos antes con otra persona parecida. De esa manera evitamos prejuicios por razas, color, edad, posición social, orientación sexual, estilos de vida, religión, nacionalidad, aspecto físico, etc.,etc.

Otra causa de deterioro social que tiene raíces en ti y en mí, en los ciudadanos comunes y corrientes, es **la apatía.** Cuando nos importan poco aquellos problemas que le causamos a otros al resolver egoístamente nuestras necesidades, estamos creando malestar, dañando la calidad de vida, promoviendo en otros la hostilidad y la apatía.

Veamos varios ejemplos de lo anterior:

√ Cuando entramos el auto debajo del semáforo, interrumpimos el paso a los demás conductores, creando un tranque.

√ Cuando tiramos basura al suelo o a la calle.

√ Cuando arrancamos la hoja de la guía telefónica que tiene la información en vez de anotarla.

√ Cuando tocamos bocina para llamar, en vez de bajarnos del coche y tocar el timbre de la puerta.

√ Cuando dejamos sucia algún área que utilizamos después de haberla encontrado limpia.

√ Cuando nos hacemos de la vista larga ante alguna injusticia o ante un necesitado.

¿ Tengo que seguir ?

Examinemos nuestras propias actitudes y hagamos los ajustes necesarios. Porque otros pierdan la educación y se porten como seres primitivos, nosotros, que somos los buenos de la película, **no tenemos que ponernos a actuar también como salvajes.**

Cuídate de las actitudes negativas como la hostilidad, la intolerancia, la apatía, la irresponsabilidad y las pasiones destructivas. Envenenan el espítiru.

Vive tu vida en claridad.

Persigue la excelencia.

¡Tú PUEDES!

"Tu vida es un reflejo de tus actitudes."

✶

"Tu actitud determinará tu altitud."

Axiomas motivacionales

✶

*"Lo que enfrentes no determinará
el éxito o fracaso tanto como la actitud
con que lo enfrentes."*

Norman Vincent Peale

✶

*"La actitud positiva no es un destino en la
vida, sino un estilo de vida."*

Anónimo

✶

"Tu programación determinará tu actitud."

Anónimo

TU PROGRAMACION EMOMENTAL

Resulta vital reconocer que la programación mental-emocional es lo que nos hace sentir lo que sentimos.

No son las situaciones, ni las cosas, ni la gente, sino nuestra programada reacción, basada en las predecibles interpretaciones que producimos ante cualquier evento, externo o interno.

Sí, porque reaccionamos también ante nuestras propias emociones y pensamientos. ¡Sorpresa!: es como una ristra de dóminos que uno tumba al otro…

Reconociendo el importante papel de la programación emomental (no la busques en el diccionario, que esa palabra me la acabo de inventar) en nuestras vidas evitamos recriminarnos y obviamos los fulminantes sentimientos de culpa e impotencia que de otra manera nos invadirían.

Eso merece repetirse: Reconociendo el importante papel de la programación emomental en nuestras vidas evitamos recriminarnos y obviamos los fulminantes sentimientos de culpa e impotencia que de otra manera nos invadirían.

¡Bueno!

No es indispensable buscar quién o qué nos hizo esto o aquello que resultó en que grabáramos los trazos neurológicos en la programación que ahora nos dirige los pensamientos, las emociones y las conductas.

¡No tenemos que señalar culpables!

Es muy cierto, que terapéuticamente hablando, el descubrir la raíz de un problema debilita sus efectos, pero no siempre tenemos el tiempo, el dinero o la persona con quien trabajar esa investigación, por lo que el proyecto se puede dejar para un mejor momento, cuando y si se puede.

Opino que la solución es aceptar que estamos completamente programados, sabiendo que a pesar de todo, podemos seguir adelante.

¡No hay más remedio!

Somos programables y estamos totalmente programados, pero podemos programar nuevos mandatos que sobrepasen los antiguos, con tiempo, aceptación y tolerancia.

Recuerda que lo que se resiste persiste.

A lo que no le presentamos resistencia va perdiendo fuerza, *"momentum"* y energía. Ese importante principio de la física es utilizado muy acertadamente por los practicantes de las artes marciales como el Kung Fu, Karate, Aikido y Judo.

No resistas. Deja las cosas fluir. Observa el río, conócelo y podrás utilizar su corriente.

Con complejos o sin complejos, con miedo o sin miedo, uno tiene que hacer lo que hay que hacer. ¿No es más sencillo hacerlo sin apego, sin desear que el asunto fuera diferente, sin mortificación ni exigencias adictivas?

¿No es más sensato?

Reconoce tu programación … y trabaja con ella.

¡Tú PUEDES!

LA BATALLA DE LOS SEXOS

Cuando llega el bebé, si es varón se le celebra el órgano sexual. Las tías vienen a inspeccionárselo y no faltan los comentarios alegóricos. Según va creciendo al niño se le permite exhibirse ¡todo al aire!

Y a la niña, cuando nace, ¿se le celebra tanto su sexualidad?, y según va creciendo, ¿se le permite exhibirse desnuda?

Cuando van a la escuela, al varón los adultos le preguntan : *"¿Cuántas novias tú tienes ya?"*

A la niña no se le pide un reporte de conquistas, se le advierte: *"¡No te juntes con los nenes!"*. A los nenes que jueguen con los nenes, y las nenas, con las nenas. Se le explica que un día tendrá un príncipe a sus pies y que deberá conservarse para él. Debe cuidarse y convertirse en una buena mujer. Sus roles principales en la vida serán: ser esposa, madre y ama de casa.

Del varón se espera que demuestre la hombría conquistando cuantas féminas pueda. A más, mejor. A cierta edad, por lo regular, se espera que haya debutado sexualmente. ¿Y la niña?

Después estos se casan y las dos programaciones paradójicas entran en colisión. ¡Choque de planetas!

Ella espera que su príncipe le sea eternamente fiel mientras que él tiene que demostrar su hombría constantemente. ¿Cómo? Recuerdas la pregunta: *"¿Cuántas novias tú tienes ya?"*

¡No en balde le llaman la batalla de los sexos!

61

*Todos los cuentos terminan con la boda
y el "vivieron felices"... pero,
¿qué pasa cuando ella se cansa
de estar entre las paredes del castillo,
de cuidar los niños
y constantemente se le queja al príncipe
de que nunca la saca a ninguna parte?
¿o cuando él empieza a llegarle tarde,
con excusas...
y maquillaje en la armadura?*

EL MITO DE LA BUENA MUJER

En los libros *"Too Good For Her Own Good"*, de Claudia Bepko y Jo-Ann Krestan y *"The Good Girl Syndrome"*, por William Fezler y Eleanor S. Field, estos reconocidos psicólogos disertan sobre las mujeres que tienen la programación de ser "una buena mujer", sufriendo sinsabores, insatisfacción y perdiéndose las ventajas de ser "una mujer equilibrada".

Revelan estas obras muchos mitos de excesiva responsabilidad y perfección que la sociedad perpetúa en la mujer, exigiéndole ser sacrificada y servil. Algunas de las "multas" o el precio que tiene que pagar la mujer "demasiado buena" es:

1- No atreverse a decirle "no" a lo que le solicitan sus relacionados, aunque sepa que se le va a hacer difícil cumplir con lo prometido.

2- Sentirse culpable después de una discusión aunque haya tenido toda la razón.

3- Creerse que si no es suficientemente atractiva no merece ser amada.

Se señalan unas "leyes no escritas" de la sociedad, que manipulan el comportamiento femenino enfatizando la supuesta "conducta correcta" de la mujer.

Especialmente el utilizar como medida de su valor lo que hace por las demás personas, es descalificar lo que la mujer es como persona, como individuo.

Algunos ejemplos de estas programadas reglas:

√ "La buena mujer" vive para dar de sí

constantemente, sin pedir nada a cambio. (Esto es muy altruísta y suena precioso, pero no es práctico, pues el que lo da todo y nada recibe, pronto quedará sin nada.)

√ "La buena mujer" consigue que sus relaciones funcionen dándoles amor, aunque su amor no sea correspondido. (Me hace recordar aquel cántaro que fue tanto a la fuente hasta que se desbarató.)

√ "La buena mujer" es sumamente competente, puede hacerlo todo bien, sin equivocarse y sin protestar. (¿Cuándo repartieron los diplomas de perfección?)

√ "La buena mujer" se mantiene siempre atractiva, pues como ella se vea, así se sentirá. (Si solamente las que parecen modelos, artistas o reinas de belleza tienen derecho a ser felices, ¿el ser modelo, artista o reina de belleza es garantía de felicidad?)

√ "La buena mujer" es toda una dama y nunca pierde el control. (Como si fuera tan fácil tragar veneno y sonreír a la vez.)

Para contrarrestar esta injusticia cultural se sugieren nuevas, más prácticas y productivas directrices que le permitan a la mujer ser nutriente y cooperadora con los demás, pero sin ignorar sus propias necesidades.

La mujer equilibrada

A continuación mi adaptación "criolla" de estas sugerencias que orientan a lo que puede ser "una mujer equilibrada":

* Ella responde a las necesidades de los demás con empatía y comprensión, pero sin echarse encima problemas que no son suyos.

* Sabe apoyar a sus elegidos cuando estos tienen genuina y justa necesidad, nutriendo la autoestima y el "yo puedo" en ellos.

* Es firme cuando tiene que serlo y flexible cuando es necesario.

* Puede sentirse cómoda consigo misma manteniendo el punto medio entre "verse bien" y ser natural. (Siendo genuina surgirá una belleza que no depende de cosméticos ni de modas.)

* Puede ser directa y espontánea en la expresión de su sentir, sin tener que explotar, ni callar.

Simplemente leer estas oraciones provoca inspiración y respeto hacia la mujer.

Mujer, dirige tu programación hacia una vida más satisfactoria.

¡Tú PUEDES!

*"Los nenes con los nenes…
y las nenas con las nenas."*
Refrán de pueblo

✫

*"Los hombres son de Marte
y las mujeres son de Venus."*
Dr. John Gray

EL MITO DEL HOMBRE FUERTE

La expresión de emoción en los hombres siempre ha sido un asunto bastante controversial. ¡Hay programación en contra del hombre sensible!

Tradicionalmente, el varón ha sentido muchas restricciones debido a la equivocada creencia de que el hombre no debe demostrar lo que siente. Ha sido una camisa de fuerza, una prisión, que le impide demostrar espontaneidad, manifestaciones de ternura y de cariño.

Resulta que si un padre quiere besar y abrazar a su hijo varón, pues eso no se ve bien porque *"esa conducta no es de hombres"*. Es una pena que tal ignorancia limite ese tan necesitado contacto de amor.

Hay hombres que con sus parejas se sienten coartados en la expresión de amor, por no parecer débiles o para evitar *"que se les tome ventaja"*. Otro disparate. Los hombres también lloramos.

Si se nos moviliza la emoción en el pecho y se nos anuda la garganta ¿por qué negarlo y aguantarlo?

La verdad es que no hay diferencia entre los sexos en lo que al sentimiento se refiere, pero como culturalmente la mujer tiene permiso para llorar, lo hace libremente.

Por la visión machista, para el hombre las emociones aceptables son las de pelea, el coraje, la pasión sexual, la indignación, el orgullo, etc.

El toque tierno, el conmoverse con un sentimiento, el dar y aceptar cariño, en lo que se dice, en cómo se dice, en el toque de una mano, ¡eso no se acepta en los hombres! Digo, no en todos, pero…

Los culminantes momentos de ternura en las relaciones, deben ser disfrutados tanto por un sexo como por el otro.

Las mujeres se quejan del machismo, pero ellas lo perpetúan al criar a sus hijos: *"¡Aguante como un macho, que los machos no lloran!"*. ¿Es esa la mejor manera de enseñar a un hijo a que sea expresivo, genuino, a que sepa comunicarse, a que se acepte a sí mismo?

Aseverar que las tareas hogareñas sólo las deben hacer las niñas de la casa y que los varones no tienen que ayudar es crear una falsa idea de superioridad. ¡No se me quejen amigas, si el "macho" después resulta ser insoportable!

Vamos a asegurarnos de que el varón no tenga dudas de su hombría cuando se le revuelquen los sentimientos, porque aunque no lo demuestre abiertamente… sabemos que se le van a revolcar las emociones y los sentimientos. ¿Y entonces qué?

¿Cómo lo entiende en esa cabecita endurecida? ¿Dudando de su hombría?

Como todo, la expresión emocional es cuestión de equilibrio y sentido de propiedad. Podemos aprender a controlar las expresiones para evitar dar la nota discordante, claro que sí, pero ir de eso a esconder lo que se siente, a convertirse en un pedazo de palo o una roca que no siente ni padece (por lo menos en lo que se nota por fuera), ¡ahí estamos llegando a los extremos!

Algunas muchachas también pueden seguir el mismo modelo y se convierten en unas "mujeres que lo aguantan todo como unas generalas", o como unas "machas", con la procesión por dentro.

Hombre o mujer, da lo mismo: cuando se sube la adrenalina, ¿qué pasa? y cuando se moviliza el sistema nervioso, ¿qué?

Aguantar eso y negar esas realidades hace daño. Hace mucho daño.

Por eso una buena llorada es tan importante. Desahoga, alivia, y es saludable.

La expresión de emoción es una válvula de escape para las emociones – tanto para las negativas como para las positivas.

En realidad ninguna emoción es mala o buena, todas son… simplemente expresiones de lo que es ser *humano*…

Llámense hombres... Llámense mujeres...

Si todos sentimos, entonces, ¿Por qué esconderlo y hacernos daño?

¿Qué dirige nuestras vidas?

¿La programación?

SOLO PARA MUJERES...

Amiga, cuidado con lo que tienes programado en tu "compu...", digo, cabeza. De niña, fuiste recibiendo mensajes disfrazados de cuentos de hadas, leyendas o de personajes de fantasía repetidos en telenovelas, novelitas color de rosa, canciones y películas. Hoy quizás estos te están dirigiendo la vida sin que lo hayas notado. Ponte alerta y... veamos:

La Cenicienta

Quizás siguiendo el patrón de este cuento, hayas adoptado como argumento para tu vida lo siguiente: *"Hacer todo el trabajo sucio, esperando ese día de mañana cuando suceda el evento tan esperado"*.

Sigues confiando en que la salvación llegará por sí sola y por eso no tienes que hacer nada para encontrarla, ¡pero el milagro nunca se te da!

Te sugiero, Cenicienta:

√ No hagas todo el trabajo sucio, sólo tu parte.

√ No pierdas el tiempo esperando el futuro.

√ Disfruta el presente y desarróllate.

√ Conviértete en tu propia hada madrina.

√ Aprende a vivir sin un príncipe encantado.

La Bella Durmiente

Siguiendo el patrón de este cuento, quizás has adoptado lo siguiente como argumento de vida: *"Dormir esperando al galán que viene al rescate. No hay que hacer nada – sólo hay que esperar, viviendo la*

(Si eres varón, sigue adelante.)

ensoñación de fantasía romántica con tres metas en la vida: ser esposa, madre y ama de casa."

¿En que siglo vives? Atiende, Bella Durmiente:

√ ¡Despierta!

√ Deja de esperar a que te rescaten.

√ Cambia tus metas en la vida.

√ Aprende cosas nuevas.

√ Conoce gente nueva.

La Mujer Maravilla

Siguiendo este patrón, tal vez adoptaste esta fantasía como argumento para tu vida: *"Sacrificarlo todo por los demás: padres, hermanos, hijos o por tu hombre (actúas con tu marido más como su madre que como su esposa). ¡Ayudas y rescatas siempre a todo el mundo!"*

¿Los demás no pueden funcionar solos?

Te sugiero, Mujer Maravilla:

√ ¡Basta ya de resolver los problemas ajenos!

√ Deja que cada cual maneje su vida.

√ No tienes que cuidar de todo el mundo.

√ Cuídate, descansa y recupera tus energías.

√ Pide, acepta y aprende a recibir ayuda.

√ Relaciónate con personas de éxito.

√ Cambia ya el disquito de la pena.

√ Date permiso para ser feliz.

¡Tú PUEDES!

¿ ES TU VIDA MITO...

El tema de las personas que viven sus vidas como si fueran programadas por historietas clásicas, mitos o cuentos tradicionales es apasionante.

Otro ejemplo es la historia de **Atlas**, quien llevaba el mundo sobre los hombros:

Esto se traduce al caso del hombre o la mujer que se echan encima todas las responsabilidades, complicándose formidablemente la existencia.

Es como si la persona creyera firmemente que si no lo atiende todo personalmente nadie va a hacerlo bien, y lamentablemente, nunca atiende sus propias necesidades.

También conocemos personas que ayudan demasiado a otras, pero se lo sacan en cara y esperan tener ingerencia y autoridad sobre los ayudados.

Si acaso este es tu caso, hazlos sentir menos culpables por depender tanto de ti.

Deja que cada cual atienda sus asuntos; no les niegues la oportunidad de crecer y probarse.

¿Y qué tal el argumento de **"La Bella y la Bestia"**? Hay mujeres que sienten la misión de rescatar a hombres problemáticos. Veamos:

... NOVELA O CUENTO?

Para empezar, se buscan de pareja siempre a alguien que tiene problemas de juego, faldas, alcohol, drogas, agresividad o que no pueda echar nunca para adelante.

Esto le da la oportunidad de ser la heroína del cuento y tratar constantemente de hacer que el hombre cambie. Gracias a su amor y su sacrificio logrará que su bestia mejore un poco, pero si al final esa bestia no cambia, lo deja y se busca una bestia nueva que rescatar.

Su callada ilusión es convertir a la bestia en príncipe, pero inconscientemente está saboteando la transformación, porque si el hombre se arregla, entonces... ¿de qué va a servir ella?

La pobre llega a esclavizarse para mantener a su bestia y sus problemas, y... hay hombres a quienes les encanta hacer el papel de bestia.

¿Es la programación de tu vida como un mito, un cuento de hadas o una novela? Recuerda que eres libretista, estrella, y diriges tu propia producción.

Haz de tu vida un original, o mejor aún, una obra maestra. **¡Tú PUEDES!**

*La vida de muchas personas
es como una novela
o una serie de episodios
llenos de drama, aventura, emoción,
decepciones, esperanzas,
momentos culminates, etc.
¿Que pieza necesitas
para completar
el rompecabezas
del capítulo presente
en la novela de tu vida?*

IDENTIFICA TUS "PARADIGMAS"

En la obra de Thomas Kuhn titulada "The Structure of Science", el autor expone el concepto de "los paradigmas", palabra de origen griego que se refiere al grupo de reglas y reglamentos que definen límites en una disciplina, sistema de creencias, estructura física, social o mental, o sea, un patrón o modelo imperante.

El término se aplica a formas de ver la vida, el mundo, las cosas, o a principios religiosos, morales, éticos, culturales, científicos, etc.

Los "paradigmas" protegen el sistema que encapsulan, o contienen, evitando así la entrada de nuevos conceptos e ideas diferentes, usualmente previniendo o dilatando los cambios. Estos pueden ser útiles y prácticos, pues ayudan a organizar el quehacer humano, por eso están presentes en todas las áreas de la vida.

Aunque los "paradigmas" nos ayuden, ellos lamentablemente pueden causar rigidez de criterio, inmobilización, parálisis de acción, inflexibilidad y negación de lo que sea diferente, innovador o facilitante de procesos, pues lo que es novedoso y extraño se puede percibir como amenazante y "peligroso".

Un científico, por ejemplo, puede ignorar y pasar por alto ciertas señales importantes o resultados reveladores dentro de sus estudios, si estos no cuadran con lo que espera encontrar en la investigación.

Como lo que está buscando es otra cosa, sigue unos "paradigmas" que lo dirigen y que le hacen excluir lo que es distinto. En algunos casos, de forma inconsciente pudiera llegar a manipular la información para que satisfaga sus expectativas, ignorando los resultados reales.

Lo descrito es un proceso naturalmente humano, propiciado por los "paradigmas", ya que tendemos a ignorar aquello que no es familiar y usualmente nos concentramos en lo que nos interesa, lo que conocemos o es afín a nuestra manera de ser y creer. Eso se nota al seleccionar nuestras relaciones, cuando compartimos opiniones y en nuestros procesos de selección.

Algunos conceptos similares a "paradigmas" y que se utilizan comúnmente son: esquemas mentales, visión de mundo, puntos de vista, actitudes, parámetros del pensamiento, etc. ¡Tenemos "paradigmas" para todo!

Los cambios, innovaciones, y el progreso, usualmente nacen fuera de los "paradigmas" gracias a personas que aún no están "paradigma-programadas" y subyugadas, ni tienen inversión en ellos o necesidad de defenderlos.

Por ejemplo, el médico, abogado, psicólogo, miran el mundo a través de los ojos de su disciplina, como es natural, pues mucho tiempo y trabajo le costó su formación. Los que están fuera de esos "paradigmas", por lo tanto, no arriesgan estabilidad, ni temen ser criticados por sus colegas; no tienen nada que perder y por eso se atreven a hacer las cosas de forma diferente.

Sólo un puñado de valientes, operando dentro de una disciplina o un "paradigma", se atreven a aceptar y probar lo nuevo o diferente sin negar la utilidad de un cambio; se exponen al ridículo, crítica, o el rechazo de colegas. De ellos surgen innovaciones y cambios.

Un gran ejemplo es mi buen amigo, el Dr. Brian L.Weiss, psiquiatra. *(A quien siempre le agradeceré el apoyo personal que le dió a mi hija Grace Marie la noche que murió su esposo, Pedro.)* El fue muy valiente al romper "paradigmas" clínicos cuando publicó sus hallazgos en torno al muy controversial y debatido tema de la reencarnación, resultantes de sesiones con hipnosis regresiva hechas con clientes.

Los "paradigmas" se transforman, o se amplían a través del tiempo: cambios, innovaciones, revoluciones y la constante evolución de la humanidad varían nuestras percepciones "paradigmáticas" del mundo.

Un sencillo ejercicio

1-¿Recuerdas lo que en los años 50 y 60 se entendía sobre cualquier producto hecho en Japón – "Made in Japan"? ¡Ese "paradigma" ha cambiado!

2-Recuerda el rol de la mujer en la sociedad de aquella época y compáralo con la época que vivimos. ¿Ves las diferencias? ¿Los cambios?

3-Te invito a que repases tu vida de manera que identifiques algún "paradigma" en tu manera de ver las cosas. ¿Te está ayudando a funcionar mejor o te está limitando? ¿Tiene vigencia todavía?

4-Analiza riesgos y consecuencias para decidir qué alternativas de acción explorarás para modificar ese programado "paradigma". ¡Recuerda, **tú PUEDES!**

UN "PARADIGMA" DEPORTIVO

Al principio de los años cincuenta dominaba la creencia de que ningún ser humano era capaz de correr una milla en menos de cuatro minutos.

Nadie lo había logrado antes, por lo tanto, nadie lo podía lograr, pues se suponía que era una imposibilidad fisiológica para el cuerpo del hombre.

En 1954, **Roger Bannister**, un joven médico y atleta, rompió el "paradigma" al correr la milla en tres minutos con 59.4 segundos.

Desde entonces correr la milla en menos de cuatro minutos es cuestión de rutina.

¡Hasta el corredor que llega último en las carreras lo hace en menos de 4 minutos!

La barrera era psicológica, no fisiológica.

Era un "paradigma" del atletismo.

Puedes identificar tus "paradigmas" personales, familares, sociales, culturales, etc.

Convéncete de que estos no tienen que limitarte y utilízalos, pero evitando que te aprisionen.

Puedes aceptar lo nuevo y diferente, ampliando tus posibilidades de acción.

¡Atrévete!, sal de los "paradigmas", que cuando cambian las reglas del juego, ¡cambia el mundo!

Cultiva la flexibilidad.

¡Tú PUEDES!

HISTORIAS CON COLA

Anthony de Mello utilizaba mucho la estrategia educativa de relatar historias alegóricas para presentar conceptos. Técnica inspirada en el uso de las parábolas por Nuestro Señor Jesucristo.

En "Redescubrir la Vida", contó una simpática historia para ilustrar el concepto de "programación". El cuento, más o menos es así:

La caravana de camellos llegó al oasis. Al ir a atarlos, el muchacho que los cuidaba encontró que se había perdido la soga para atar al último de los camellos. Corrió donde el Jeque a consultarle el problema. Este le instruyó que al atar a los demás, hiciera los movimientos simulando que también ataba al que no tenía soga. Al otro día cuando van a partir el muchacho nuevamente va donde el Jeque a quejarse de que todos los camellos se están moviendo menos el que no tiene soga, que permanece estático en su lugar. "Es que olvidaste soltarlo", le dice el Jeque.

La mayor parte de las veces los impedimentos residen en lo que el sujeto cree.

Los siguientes relatos los he recogido por ahí:

Desde que son pequeños a los elefantes se les amarra una pata a una fuerte estaca. Como es de esperar, el animalito lucha por zafarse, pero sólo consigue herirse la piel. No obstante se empecina y lucha más fuertemente por liberarse, lo que le produce mucho dolor. Durante largo tiempo continúa su batalla hasta que un día deja de luchar. Por eso es que de grandes, aunque tengan el tamaño de una casa, los elefantes permanecen quietos en el lugar donde le amarren la pata; aunque sólo usen una estaca chica.

Los detiene su programación.

(Como a alguna gente.)

Ahora un cuento Zen:

El discípulo le pide al maestro que le enseñe a liberarse de sus ataduras. Este le instruye que primero descubra quién lo ha atado, o sea, quién le mantiene preso. Al tiempo de haber meditado sobre eso y habiendo llegado a la conclusión de que nadie lo tiene prisionero, el alumno retorna y se lo reporta al maestro. "Entonces, ¿para qué quieres ser libre?"– le reclama el maestro. En ese momento el alumno abrió bien los ojos demostrando que había entendido .

Había comprendido que la liberación es una decisión que nace con el "darse cuenta".

A los monitos los suelen cazar colocando en un lugar visible un coco hueco con una apertura lo suficientemente grande como para que quepa su pequeña mano. Aseguran el coco a la tierra por medio de sogas y estacas. Se coloca dentro cierta cantidad de granos. Los cazadores se retiran para dejar que el pequeño simio se acerque y cuando regresan fácilmente lo capturan. ¿Cómo? Pues al monito lo encuentran con el puño lleno de granos, razón por la cual queda con su mano atascada dentro del coco.

El simio prefiere perder su libertad a soltar lo que tiene en la mano (como alguna gente).

EJERCICIO REVELADOR

Practica el siguiente ejercicio a ver que te revela sobre "paradigmas", individualidad y autoestima.

Instrucciones:

Conecta los nueve puntos, como si fueran bombillas en un alambrado eléctrico, utilizando sólamente cuatro líneas rectas, sin que se quede ningún punto sin ser tocado por una línea.

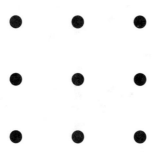

Quizás lo primero que te dice el crítico interno, la voz de tu programación es: "Esto es imposible. No se puede!" Tranquilízate.

En la página siguiente encontrarás un ejemplo (y grupos de puntos, para que practiques).

EJEMPLO:

EXPLORA ALTERNATIVAS:

82

LA PSICOLOGIA
DE LA PERSONA

*Existe la psicología como disciplina
que estudia el comportamiento,
los procesos mentales, las emociones,
los conflictos, la disfunción, etc., etc.
Sin embargo, cada persona posee
una psicología individual:
su personalidad, estilo de vida,
forma de relacionarse,
su manera de interpretar el mundo
y de procesar la información…
en fin, todo lo que catalogamos
dentro de la llamada "programación".*

*Los filósofos del oriente
definen el concepto "crisis" como:
"Una oportunidad
viajando en nubes de tormenta".
Uno de sus antiguos proverbios dice:
"La persona sabia es como el bambú.
Sabe ceder ante los vientos de tormenta
para luego volver a enderezar su cuerpo."
Conociendo nuestra psicología personal
(la programación),
podemos cultivar la flexibilidad,
cualidad clave para el éxito en la vida.*

ORIGENES DE LA PERSONALIDAD

La personalidad.

Apasionante y extremadamente complejo tópico descrito por diferentes teorías promulgadas por mentes muy claras. Pero que conste, son teorías nada más, o sea, ideas que se utilizan para tratar de explicar algo que aún no ha sido comprobado.

El ser humano es muy difícil de explicar.

Cada persona es un mundo, por lo que describir el concepto "personalidad" como algo que se aplique a todas las personas, es virtualmente imposible.

No obstante, algunos datos provenientes de las diferentes teorías aclaran y dan luz en torno a lo que estamos hablando – la programación mental.

Podemos simplificar "personalidad" como la forma en que estamos psicológicamente estructurados. Una combinación de lo mental, emocional, ciertos aspectos físicos y lo conductual.

En otras palabras: cómo procesamos pensamientos e ideas; cómo sentimos y expresamos emociones típicamente nuestras; las características físicas que nos identifican; cómo nos desenvolvemos, etc.

En fin: lo que hacemos con lo que tenemos y cómo lo hacemos.

El Dr. Carl Jung, uno de los pioneros de la psicología, sugirió que hay dos formas amplias de describir la personalidad, según ciertas tendencias de grupos grandes de personas.

Estas son:

a) **"las personas extrovertidas"**, que están dirigidas, vertidas hacia afuera; son más activas, comunicativas y expresivas.

b) **"las personas introvertidas"**, privadas, vertidas hacia adentro; *"de rica vida interior"*. Son más tranquilas, calladas y piensan mucho las cosas.

¿Dónde caes, con los "extrovertidos" o con los "introvertidos"?

Comienza a estudiarte para que te conozcas mejor.

¡Tú PUEDES!

ANALISIS DE LA PERSONALIDAD

A continuación, te presentaré la descripción de los tres aspectos básicos de nuestra personalidad siguiendo el modelo psicológico conocido como "Análisis Transaccional" (se abrevia AT), diseñado por el psiquiatra canadiense, Dr. Eric Berne.

AT es considerado como una versión simplificada del complejo esquema psicodinámico originalmente formulado por Sigmund Freud.

La interpretación transaccional señala que lo primero que mostramos de la personalidad es el estado que se identifica como del "niño", donde nacen nuestros impulsos, necesidades y emociones.

Luego, al entrar a interactuar con el prójimo, dentro del mundo social, se nos va armando el "padre" interno, que es nuestro segundo "estado del yo", según la nomenclatura del modelo AT.

Dicho "padre" interno estará compuesto por lo que nos van enseñando los mayores: las reglas del buen comportamiento para convivir dentro de la sociedad.

Finalmente se nos desarrolla lo que se conoce en AT como el "adulto", donde residen la madurez, la lógica, la razón, el sentido común. Ese es el tercer "estado del yo".

En este análisis de la personalidad, tenemos dos facetas en cada "estado del yo": un lado positivo y otro negativo.

Estudiémoslos un poco más profundamente.

Nuestro niño interno

El "niño" positivo es libre y feliz. Expresa sus emociones apropiadamente y estas emociones tienen una duración y una intensidad proporcional a los hechos. AT lo identifica como nuestro **"niño libre"**.

Sin embargo, si es exageradamente largo el tiempo en que se expresa la emoción, o es muy intensa, eso cae en lo que se conoce como el lado negativo del "niño" interno. Esto incluye el enojarse prolongadamente, guardar rencor, expresar rabia en vez de un coraje apropiado, o por el contrario, no tomar nada en serio y llevar las bromas hasta el mal gusto.

Nuestro "niño" pudiera reaccionar de forma rebelde ante la autoridad, con rabietas y ataques, o tragarse su malestar y tornarse sumiso, guardando el coraje por dentro, como una caldera, para explotar después, o desquitarse. Ese sería **"el niño rebelde"**.

En todo esto, al hablar del "niño", recuerda que no se refiere necesariamente a los niños en edad, sino a la parte de nuestra personalidad que responde al niño que todo adulto supuestamente lleva dentro de sí.

¿Conoces personas a quienes después de ser mayores, todavía le dan rabietas, se rebelan ante la autoridad y guardan rencor para desquitarse luego?

¿Y aquellos adultos que nunca toman nada en serio, que se la pasan siempre bromeando, rehuyen las responsabilidades y se niegan a madurar?

En estos individuos, el "niño" interno domina negativamente su personalidad.

Sin embargo, hay adultos que tienen un "niño"

interno saludable en la formación de su personalidad, saben disfrutar de buenos ratos, se envuelven en eventos positivamente emocionantes, aman y juegan. También sienten coraje, miedo y tristeza, lo cual expresan, pero de forma adecuada, sin exageraciones.

¿Conoces personas así? ¿Cómo es tu "niño(a)"?

Nuestro padre interno

Por otro lado, el "padre" interno se compone de los llamados "mensajes parentales" que provienen de todas las personas mayores que tienen que ver con la crianza y el cuidado que de pequeños recibimos.

Es el **"super ego"** que describió Freud: lo que aprendemos en el proceso de socialización, cuando vamos entendiendo la diferencia entre lo que es bueno y es malo, lo que está bien o no; cómo debemos comportarnos entre las personas y en las instituciones de la sociedad. Contiene las enseñanzas religiosas, los principios morales, sistema de valores, en fin, nuestros múltiples "paradigmas" familiares, culturales, etc.

Este "padre" internalizado nos dirige en nuestra vida hacia la buena conducta, aunque en muchos casos lo hace de forma negativa, como por ejemplo, cuando es demasiado estricto, disciplinario, exigente, perfeccionista, moralista o santurrón.

Puede llegar a ser como una jaula o una camisa de fuerza que nos llena de remordimientos y cargos de conciencia, al inundarnos de culpa por lo que hicimos o por lo que dejamos de hacer.

Para muchos es juez, jurado y verdugo.

Cuando internamente domina el "padre" con sus aspectos negativos, tenemos una programación a la que se le conoce como la del **"padre crítico"** (el crítico interno) que nos ocasiona graves problemas cuando nos relacionamos con otras personas.

Nos la pasamos exigiendo, señalando errores y corrigiendo a los demás, lo que pudiera hacer que sientan mucha rebeldía hacia nosotros – además de las otras emociones negativas que destruyen relaciones.

Nunca estamos contentos con nosotros mismos, ni con la conducta de los otros. Hasta podríamos llegar a encerrarnos en un fortín de correctas reglas y mucho prejuicio, desde donde miramos con desdén a los pecadores, esos "inferiores mortales", que actúan mal.

Esto puede suceder con aquellas personas que asumen posiciones exageradamente puritanas, que condenan sin misericordia, comprensión ni compasión cristiana; que predican, pero no practican.

El lado positivo del "padre" interno es nutriente, protector. Es el que defiende, acoge, aconseja, ayuda, comprende, respalda y brinda aliento. Con esta gentil programación apoyamos con efectividad, compasión, y amor a los demás. Enseñamos con la palabra, el ejemplo y la humanidad de un padre amoroso, que sabe disciplinar, pero con justicia, sin extremos, con mano firme, pero tierna.

En Análisis Transaccional se le identifica como **"el padre nutriente"**, y es la parte más productiva de la personalidad.

¿Quieres conocer el "adulto interno"?

Nuestro adulto interno

Integramos finalmente "el adulto" interno, la parte que completa la personalidad.

Gracias al "adulto", podemos entender razones, analizar situaciones y tomar decisiones basadas en los datos y señales que recibimos del medio ambiente. Información que diligentemente buscamos, estudiamos y evaluamos, actuando de la forma apropiada según el momento y la situación.

Podríamos decir que el "adulto" interno es la sabiduría que se adquiere con la madurez: al crecer, o tener "más capacidad", como decimos comúnmente.

Si nuestro "niño" interno está exaltado, rebelde, ansioso o molesto, es con la parte de nuestro "adulto" que lo controlamos, en un diálogo mental. Nos podemos decir: *"Tranquilízate, tómalo con calma, total que no es para tanto"*.

El "adulto" nos puede recordar que respiremos profundo varias veces, o que contemos hasta diez antes de contestar, o que nos alejemos de una situación antagónica.

El estado de "adulto" también nos puede ayudar a tener la conciencia tranquila cuando en alguna ocasión tengamos que retar al padre interno, estirar una regla o romperla – cuando es apropiado y no hacemos daño a nadie.

Por ejemplo, en una carretera solitaria seguimos adelante, aunque la luz esté roja, si vemos que no vienen coches y entendemos que resultaría peligroso quedarnos estacionados allí.

Hay que tener cierto cuidado, ya que en ocasiones el "adulto" podría llegar a convertirnos en fríos, calculadores, o excesivamente racionales.

Ese es su aspecto negativo, cuando sobre-analizamos y seguimos tanto la lógica que olvidamos los factores humanos o emocionales, sin guardarle consideración al "niño" interno de la otra persona o al de nosotros. AT le llama el **"adulto cuadrado"** y puede llegar a ser tan peligroso o dañino como el "padre crítico".

La personalidad equilibrada

Como en todo, el equilibrio es lo ideal. Y en nuestra personalidad el equilibrio lo logramos utilizando el "adulto", con su lado positivo, sirviendo de inter-mediario entre el "padre" y el "niño".

Con los tres "estados del yo" en justa proporción, tendremos una programación de crecimiento y liberación, donde cada día es una aventura y la vida vale la pena vivirla.

¿Te interesa?

¡Tú PUEDES!

EL ORDEN DE NACIMIENTO

Según el Dr. Alfred Adler y los estudiosos que han ampliado sus teorías, el orden de nacimiento es un importante elemento a considerar en el desarrollo de la autoestima y al identificar nuestra programación. Este se refleja en patrones que son **comunes** a muchas personas, **pero ninguno es una ley obligatoria,** pues cada individuo es un mundo y **cada familia tiene su propia dinámica.**

Demos un vistazo general a estos conceptos, por si alguno se parece a ti. **Se supone** que la posición que tú ocupas en el orden de nacimiento (con relación a tus hermanos) **pudiera estar** dirigiendo tu manera de ser:

Si naciste primero

Con toda seguridad eres responsable, obediente y organizas bien las cosas. Respetas las reglas, resuelves los problemas, sabes ser líder y puedes mantener la calma en medio de la tempestad. Cuidas a tus hermanos – a veces durante toda la vida. Al criarte estabas cerca de tus padres, por lo que tiendes a imitarlos, ayudarlos y relevarlos en sus funciones.

En muchas ocasiones tu programación hará que te desvivas sacrificándote por tu familia de origen y tal vez tu pareja te haga reclamaciones, pues ¡se siente plato de segunda mesa!

Tómate un descanso, que ya has hecho suficiente. ¡No estás a cargo del planeta!

Evita ser demasiado exigente y perfeccionista.

Si llegaste en segundo lugar...

Con toda probabilidad eres la persona más rebelde dentro del cuadro familiar. Seguramente tus padres han querido que te organices y seas formal, comparándote con el (la) mayor, despertando así tu insurrección. Resientes que no reconozcan tus habilidades singulares ni respeten tu individualidad. Te molesta recibir órdenes de papá, mamá y del rival que te lleva ventaja por nacer antes.

Por eso te gusta llevar la contraria.

La posición influye tu visión de mundo, te motiva a actuar de forma particular y sirve de combustible a una programación que acarrea conflictos con figuras de autoridad. Te mueve la necesidad de competir, de ser original, diferente y no conformista. (Tal vez no, pues te repito: no son leyes inquebrantables, **son sólo teorías**).

Un ejemplo de variaciones: la mayor de las hembras, aunque no haya nacido primero, es como una "madrecita" para los otros, o el mayor de los varones es "defensor" de los demás. ¡A veces los padres lo exigen!

El tercer lugar

Los terceros, si hay cuatro hijos o más, también aprenden a competir actuando a veces como mediadores y siendo tolerantes, o son todo lo contrario: hostiles e inseguros. Al no tener un puesto clave en el esquema familiar y carecer de un determinado rol, se sienten perdidos, que no pertenecen y creen que no se les quiere igual. Celosos por lo que interpretan como favoritismos o comparaciones, prefieren alejarse y hacer su vida con los amigos. Mi difunto hijo Benny nació tercero. Así era él.

Los últimos en nacer

Son los querendones, favorecidos, respaldados y consentidos por los padres, hermanos y hermanas. Aprenden a manipular con su gracia, ocurrencias y cariñitos. Aprenden el arte de la diplomacia al tener que llevarse bien o defenderse de los mayores, que a veces resienten que les permitan lo que a ellos les prohibían. Desarrollan sensibilidad, son expresivos, tienen buen sentido del humor y siempre encuentran quien les dé la mano.

Su lado fuerte: confianza y seguridad al sentirse respaldados, no conocen límites para sus metas y proyectos y pueden ser grandes triunfadores en la vida.

El lado débil en la programación de los más pequeños es cuando el manto protector de la familia les impide crecer y madurar apropiadamente; exagerada dependencia, inseguridad, irresponsabilidad, creerse incapaces de valerse por sí mismos, etc.

Puede salir cara o puede salir cruz.

A fin de cuentas, cada hijo es una lotería.

Los del "racimo"

Cuando hay más de cuatro hijos unos cuantos pueden estar como "perdidos en el espacio" aunque su programación siga el patrón de los terceros. Son muy independientes y hacen su propia vida.

¿Cómo es la foto familiar cuando son cuatro hijos?

El mayor al lado del padre, el menor en la falda de la madre y el tercero sentado en el piso.

¿El segundo? No se quiso retratar.

El caso de los hijos únicos

Según el Dr. Adler, los hijos únicos son caso aparte. Yo, Alfredito, soy un vivo ejemplo del unigénito.

Fuimos el tesoro que nuestros padres tuvieron como su única esperanza y ocupamos su diligencia, atención y extremada *SUPERVISION*. ¡Teníamos que hacerlos quedar bien! Se nos programó la necesidad de mantener una buena imagen y el ser aceptados, por eso a los que no tenemos hermanos nos afecta tanto la crítica y el rechazo.

Confiamos en nuestras capacidades, somos comprensivos y tenemos gran sentido de introspección. Nos gusta meditar. Como aprendimos a jugar solos, imaginando amigos y creando personajes, desarrollamos una rica imaginación. Tendemos a leer y ser estudiosos.

Podemos hacer varias cosas a la vez. Nos gusta la atención, pero nos sentimos siempre evaluados. Somos posesivos y se nos dificulta compartir, ya que no tuvimos hermanos con quien practicarlo. Para ganar y conservar amigos los "compramos" dándoles de lo nuestro o confiándonos *demasiado* de ellos.

Aunque somos fajones, autosuficientes y luchadores, se nos hace difícil trabajar en equipo y a veces somos muy "privados", como unos "lobos solitarios".

Nota:

*En algunas familias los roles **funcionalmente** se intercambian y... **no necesariamente siguen el orden de nacimiento**. Además, si el hijo menor nace cinco o más años después del penúltimo, también exhibirá características de hijo único. Insisto: **esto son sólo teorías**.*

TU ESTILO DE VIDA

Para comprender mejor el desarrollo de la personalidad y eso que en lenguaje popular se ha llamado "programación", como habrás notado, me oriento mucho por las enseñanzas del Dr. Alfred Adler, uno de los pioneros de la psicología. En Viena inicialmente colaboró con Freud, pero luego fue opacado por él. Sus ideas son muy diferentes, y las de Adler para mí son más prácticas, ya que se aplican a las situaciones de todos los días.

El señaló que cada individuo va programándose al formar un peculiar estilo de vida personal, que se define durante su crecimiento y desarrollo. Por un lado, condicionado por su posición dentro de la familia (como ya vimos) y por otro, según interpreta las experiencias que vive. Así forma un "estilo de vida" que rige sus actuaciones, cómo piensa y muy en especial, su forma de percibir las cosas, la gente, el mundo, y cómo lo interpreta todo.

Ese conjunto de esquemas, convicciones, o "paradigmas", Adler lo basa en tres puntos:

1- **"Auto imagen"**, lo que piensas que eres;

2- **"Cómo es la vida"**, la idea que tienes del funcionamiento de las cosas y la gente, en su peculiar interacción;

3- **"Lo que debemos ser"**, o sea, el ideal o la visión superada que tienes de ti.

Todo esto te hace ser y actuar como usualmente

eres y como actúas. El "estilo de vida" es programación.

Para explicarlo mejor, Adler señaló cuatro metas o propósitos del "estilo de vida" que varían entre las personas en cuanto a la importancia que le dan y cuánto las motivan. No hay una meta mejor ni peor que la otra, pues todas tienen sus ventajas y desventajas.

Las metas del "estilo de vida" son:

1- **La búsqueda de la comodidad**. Procuras que la vida te sea llevadera o agradable.

√ En lo positivo, al buscar comodidad actúas con diplomacia, apaciguando y siendo suave. No te metes en lo que no te importa. Por el lado negativo, podrías estar esquivando tensiones rehuyendo responsabilidades.

2- **Ser complaciente y servir**. Siempre quieres ayudar a resolver las necesidades de los demás.

√ Al intentar complacer, cumples con lo que te piden y ofreces tus servicios voluntariamente. Actúas con simpatía, amabilidad y consideración, tratando de llegar a unos acuerdos equitativos. En lo negativo: manipulas buscando aprobación o lástima y prefieres ceder antes que confrontar.

3- **Tener poder y control.** Buscas estar a cargo, ser quien dirige; controlándote y controlando todo lo que te concierne – cosas, situaciones y personas.

√ La necesidad de dominar te ayuda a ser buen líder, organizando y produciendo, o por el contrario mandando y controlado autoritariamente. Tal vez alejes a la gente y te falten amigos. El dominio propio y de las situaciones definitivamente te crea mucho estrés.

4- Destacarse, sobresalir, llegar a ser lo mejor.
Buscas ganar admiración, respeto y reconocimiento.

√ Al necesitar demostrar tu superioridad, te conviertes en una persona útil y competente en lo que haces, o por el lado contrario, insistirás siempre en tener la razón o actuarás como víctima y mártir. De cualquier manera te esfuerzas… pero nunca sientes satisfacción.

Usualmente ubicas una de estas metas como el factor dominante durante alguna etapa de tu vida, mientras las otras juegan posiciones secundarias. Es como un *"Hit Parade"* que en otros tiempos puede cambiar según cambian tus prioridades.

Toma mi ejemplo: comencé en los medios de comunicación para sobresalir, pues mi meta era ser el mejor y recibir reconocimiento; después quise ganar dinero como empresario; luego pasé a la búsqueda del poder y la comodidad en posiciones de ejecutivo en emisoras de radio.

Ultimamente, como psicólogo, estoy por servir y ayudar. No he desistido de sobresalir, pero ya no es mi factor dominante; gano dinero y controlo mi vida lo mejor que puedo, pero ahora procuro hacer las cosas con más calma y tranquilidad, sin "matarme tanto".

Así se ha desarrollado mi "estilo de vida" particular, que forma parte de mi programación mental.

Haz un pequeño examen para que determines en qué orden tienes esas cuatro metas, según sean las prioridades de tu vida hoy día. En estos momentos, ¿cuál es tu meta principal? ¿Encuentras que ha habido cambios? ¿Cómo las ubicabas anteriormente?

EL COMITE TIMON

Analicemos el concepto del "crítico interno" que dirige nuestra programación y se comunica con la voz o las voces de nuestro constante diálogo interior.

Todo lo analiza, critica o comenta.

Muchas veces el crítico está compuesto por un verdadero "comité timón", donde participan aquellas personas que tanto influyeron sobre nuestros años formativos: padres, tíos, abuelos, hermanos mayores, amigos, etc.

Sus mandatos, que están grabados en nuestras neuronas, se repiten una y otra vez: *"Ten cuidado con esto o aquello... Hazlo bien para que opinen bien de ti... No te equivoques... No te arriesgues demasiado... No hagas el ridículo",* etcetera.

A este comité le debemos mucho de aquello que hemos hecho con corrección en la vida y gran parte de nuestros éxitos, pero llega el momento en que la autosuficiencia no puede posponerse.

¡Nos tenemos que independizar!

Démosle pues las gracias al comité timón por su buena labor y concedámosle vacaciones indefinidas solemnemente diciéndole:

"Gracias por una labor bien hecha mi querido comité, pero de ahora en adelante, yo estaré a cargo de mi vida.'¡Bye, bye', comité timón... adiós!"

Hazlo... atrévete... supérate ...

¡Tú PUEDES!

"TIPOS" DE PROGRAMACION

El Dr. Alfred Adler definió algunas programaciones con su **"tipología de estilos de vida"** agrupándolas por comportamientos comunes, identificando a su vez formas de ser que son características de muchos hombres y mujeres.

En el estudio del ser humano a través de la historia, se han formulado diferentes teorías sobre los "tipos" de caracteres o de personalidad, lo que indica que no hay una manera final, perfecta o definitiva de describir a las personas. Los "tipos" sirven de guía y ayudan a que nos entendamos un poco mejor, pero son simplemente eso, unas guías.

Adler en un principio usaba cuatro:

1-La persona dominante.

2-La persona extremista.

3-La persona escapista. (Irresponsable)

4-La persona socialmente útil.

Los alumnos y seguidores de Adler han señalado en detalle otras programaciones tipológicas que voy a describirte en mis propias palabras:

El egoísta. Su mandato es "todo para mí", se siente con el derecho a recibir de los demás y procura sacarles ventaja.

El impulsivo. Activo, enérgico, agresivo, quiere ser el centro de atención; siempre compite por estar al frente. Si no gana, es que le hicieron trampa.

El controlador. Su misión es controlar la vida

y la gente para evitar ser controlado. Lo cuestiona todo, busca la perfección, necesita pautas y rutinas.

El correcto. Siempre necesita tener la razón.

El perfeccionista. Exige, se exige y se pasa de ambicioso al imponerse metas demasiado altas. Se le hace difícil decidirse, por temor a equivocarse.

El superior. Siente inferioridad y necesita ser importante. Es vanidoso, desconsiderado y arrogante.

El buenazo. Siempre quiere caer bien y a todos complacer. Su valía depende de lo que opinen. No soporta críticas y se le hace difícil ser sincero, evitando arriesgarse a perder el favor de los demás.

Aclaro que esto no es un catálogo donde ubicar y ubicarse, si no una ayudita para entendernos mejor. La programación de "los tipos de estilo de vida" se produce como defensa ante las amenazas que se perciben del ambiente durante el crecimiento y desarrollo.

En vez de resentir a alguien o recriminarnos por exhibir una u otra característica negativa e inaceptable, puedes comprender y tolerar estas conductas inconscientes, porque si las resistes o las combates provocarías que se solidifiquen aún más. Hecha la aclaración, procedo a mencionar, en mi opinión, otros tipos o formas de ser, de ambos sexos:

El santo. Es más papista que el Papa y se va a los extremos de rectitud, llegando a ser intolerante con las debilidades o pecados de los demás.

La víctima. Busca lástima porque en algún momento le resultó conveniente lo de ser un perdedor o el tener problemas. Así le aceptaron y ahora se provoca situaciones de fracaso, lamentándose de lo duro que le ha tratado la vida, como implorando: *"¡Ténganme pena, ayúdenme!"*

El bebé. Con gracia infantil, promueve su aceptación pues se siente incapaz de cuidarse y de funcionar independientemente; busca ayuda, atención y espera privilegios especiales.

El inferior. Siente que no merece favores o atenciones. Impotente, se aburre ante la vida y opta por ni siquiera tratar: que lo hagan los demás y lo dejen tranquilo, pues sabe que no va a lograr nada.

El "busca emociones". Le gusta el escándalo, y no hay regla ni rutina que le contenga. Deja todo para última hora y se busca líos queriendo abarcar más de lo que puede atender. Crea y vive en confusión; se siente especial; cegándose por la emoción, no piensa.

El "espíritu de contradicción". No defiende nada y se opone a todo (activa o pasivamente). Nunca coopera y siempre expresa pesimismo.

El insensible. Evita los sentimientos y busca una explicación lógica y razonable para todo ¡sin tomar en cuenta las emociones!

Te invito a reflexionar si te has visto en alguno de estos "tipos" de estilos de vida o formas de afrontar lo que te sucede. En la mayoría de los casos son maneras equivocadas de manejar las circunstancias y funcionan sólo temporalmente. Adler teorizó que cada cual le da importancia a unas cosas más que a otras, adoptando el "estilo de vida" que va de acuerdo a su programación.

OBSERVA EL PAISAJE

Nos afecta sobremanera lo que nos dicen los demás y lo que opinen de nosotros. Si nos quieren y aceptan o nos rechazan. Es parte de nuestra programación, de la psicología individual de cada cual.

Nos afecta también lo que pensamos y opinamos de nosotros mismos y si cualificamos o cumplimos con la programación. También son muy importantes los símbolos de éxito que nos han inculcado los antepasados, las campañas publicitarias, la propaganda política, los prejuicios, las modas, los medios de comunicación, etc.

¿Para qué vivimos? Si lo analizamos bien, de seguro es para obtener la aprobación propia o de otros.

Muchas veces enfocamos tanto la tarea, obsesionados con obtener ciertos y determinados resultados, que perdemos de vista la perspectiva mayor. En ocasiones lo que hacemos nos está costando demasiado – en términos emocionales – y no nos damos cuenta.

Tampoco notamos el efecto que causa en otros.

Todo esto afecta los niveles de autoestima.

Si sólo miramos hacia el final perderemos de vista el proceso y las amenidades de la travesía.

Lo mejor sería disfrutar del viaje…

La vida se vive ahora. Se vive aquí. Momento a momento y detalle a detalle.

Detente un rato… observa el paisaje.

¡Tú PUEDES!

Cuarto FACTOR:

EL NIVEL DE AUTOESTIMA

*Estudios hechos
con delincuentes y drogadictos
han revelado un denominador común
entre ellos: bajos niveles de autoestima.
Por el contrario, las personas
que tienen altos niveles de autoestima
se valorizan, se cuidan y se defienden.
El factor decisivo
entre el éxito y el fracaso
y el impacto que éstos tengan
en el individuo
muy bien pudiera ser...
su nivel de autoestima.*

"Para ver mejor…
hay que limpiar los lentes."

Sentido común

*

"Todo es…
según el color del cristal…
con que se mira."

Proverbio antiguo

EL PATITO FEO

De una manera o de otra, en algún momento de nuestra vida, somos o hemos sido como un "patito feo".

El sentirse inapropiadamente diferente, torpe, bruto, feo, malo, inservible o inadecuado, es un trago amargo que cada individuo tiene que probar tarde o temprano.

Creo que las comparaciones son la causa de esos sentimientos de inferioridad e impotencia. Miramos lo que nos rodea y buscando diferencias a ver a si es *"mejor o peor que yo"*.

No importa a que conclusión lleguemos, siempre terminamos mal, pues si nos vemos inferiores, nos devaluamos y si nos creemos mejores nos envanecemos.

No estamos muy conformes con lo que tenemos, pues siempre queremos más o queremos algo distinto. Nos pasamos buscando afuera algo que no necesitamos en realidad o que ya tenemos, pero no nos hemos dado cuenta que lo poseemos.

Padecemos de miopía ante el espejo.

Ansiamos "más", "mejor" o "diferente": dinero, título, trabajo, pertenencias (ropa, carro, casa, cosas) o quizás cambios en la cara, el pelo, los ojos, el cuerpo, tal vez en las relaciones, la familia, los amigos, los conocimientos, la popularidad, el "status", etc. ¡UF!

En fin, desearíamos que todo fuera diferente.

¡QUE POCO CONFORMES SOMOS!

Ah, ¿pero entonces es malo aspirar a lo mejor o quererse superar? No, no es malo querer competir y sobresalir, aspirar a ser lo mejor que podamos ser, pero uno debe competir con uno mismo, para superarse y convertirse en mejor ser humano.

La idea es ser **competentes,** más que competir.

Tampoco es malo establecerse metas y luchar por nuestros sueños; querer llegar a ser más sabios. Es buenísimo.

Lo que yo considero innecesario es eso de competir con el resto del mundo, todo el tiempo, sin saborear lo que se tiene al querer conseguir algo mejor. ¿No es mejor saborear y atesorar lo alcanzado?

Al igual que lo fuera Elvis Presley, hoy Michael Jackson es el cantante más famoso del mundo, un billonario que lo tiene todo. Pero, ¿es feliz y está conforme consigo mismo? A veces con todo lo que alguien posee puede sentirse miserable echando de menos aquello que le falta. ¿Quién es el patito feo?

Sientes disgusto con tu peso, color, estatura, talento, habilidades, aspecto físico, etc. Te obsesiona lo que no tienes, ignorando y descualificando lo que tienes. Mírate en ese espejo. ¿Ves un patito feo?

Como en el cuento, al compararse con sus "hermanitos", el patito feo se sentía inferior y ellos lo humillaban, haciéndole sufrir. (Como alguna gente.)

Así nos pasa a los humanos cuando se nos critica o crudamente se nos señalan las equivocaciones.

Lamentablemente esa es la ocupación preferida de muchas personas que quizás se sienten superiores señalando las faltas ajenas. Quizás lo hagan con buena intención, pero le tumban la autoestima a los demás.

Por otro lado, usualmente nos hacemos los sordos cuando alguien nos recuerda que somos hijos de Dios, herederos de ese padre inmensamente rico y poderoso; que estamos hechos a su imagen y semejanza.

Tampoco escuchamos a los estudiosos de la naturaleza humana cuando dicen que somos perfectas criaturas, que cada cual es único, especial, tal y como es, sin necesidad de cambiar nada. ¡No nos convencen!

A lo mejor es por la manera como se nos ha criado, es culpa de la cultura o de esta sociedad materialista que promueve el afán de ganar y ganar a toda costa. Quizás por eso no toleramos errores, ni aquello que nos parezca raro o diferente, en nosotros y en los demás.

Cuando el patito feo se miró en el lago y se percató de que junto a su imagen había otra igual, y otra más... muchos "patitos feos" como él, entonces comprendió que era diferente. En realidad era un cisne. Siempre lo había sido, más nunca se había dado cuenta, pues se la pasaba comparándose con los patos.

Creo que podemos encontrar felicidad al darnos cuenta que somos perfectos como somos, simplemente porque así somos.

De lo que tenemos... no nos hace falta nada.

Haz la prueba buscando un espejo, mirándote en él y repitiéndote muchas veces:

"Miro lo que amo y amo lo que veo".

¡Tú PUEDES!

*"La belleza reside...
en los ojos de quien observa."*

Margaret Hugerford

✷

"No hay peor ciego que el que no quiere ver."

Antiguo refrán

✷

*"Desde que tengo estos espejuelos nuevos
¡lo veo todo de lo más sabrosito!"*

Un taxista mejicano

LECCION DE UN PIRAGÜERO

El fenecido educador y psicólogo, Dr. Carlos Albizu Miranda, "Charlie" fue fundador y presidente del Centro Caribeño de Estudios Postgraduados, la institución universitaria puertorriqueña que confiere grados de maestría y doctorado en psicología clínica y psicología industrial donde yo estudié.

El Dr. Albizu, me enseñó algo que no estaba en los textos: la importancia de valorar lo que uno tiene, lo que sabe o lo que uno hace. Sin establecer comparaciones de tamaño, posición y riqueza, sino con el orgullo de saber que damos el máximo en lo que realizamos, por humilde o sencilla que sea la labor que desempeñamos.

¡Esa es la verdadera medida del éxito!

Dicha lección se demuestra a cabalidad en la anécdota de "el mejor piragüero del mundo", que el Dr. Albizu solía relatar. Según recuerdo, le sucedió en una visita que hizo al viejo San Juan, en Puerto Rico, donde se le llama "piragua" al delicioso y refrescante vaso de hielo raspado servido con "sirup" (almíbar) de fruta.

Charlie notó un carrito de venta de piraguas que era muy diferente a los demás por lo limpio y bien pintadito. Su dueño, un hombre inmaculadamente vestido, portaba una amplia sonrisa que lo invitó a acercarse.

"¡Muy bonito su carro de piraguas!"– le dijo.

"*¡Es que soy el mejor piragüero del mundo!*" –
le contestó el señor.

"*Explíqueme eso, si tiene la bondad*".

"*Mire, llevo años en esta profesión*" – dijo – "*Yo
mismo preparo los sabores en casa y personalmente
escojo y compro el hielo más limpio y claro. Además,
preparo la piragua con mucho esmero, ¡y le echo mucho
sirup!*"

El Doctor Albizu no se pudo contener, la boca
se le hacía agua: "*Démela de frambuesa!*" – exclamó.

Observó asombrado el cuidado, la atención al
detalle y el entusiasmo con que este artesano preparaba
su obra. Y al saborearla comprobó que aquella escarcha
sabía a gloria.

"*¡Oigame, la piragua está deliciosa!*" – le dijo.

"*¡Claro, como que se la preparó el mejor
piragüero del mundo!*" – le respondió sin altanería, pero
muy confiado en sí mismo, el humilde señor.

Charlie con gusto le pagó la piragua y se apartó
a saborear, no sólo la frambuesa, sino la experiencia
de haber conocido a un hombre autorealizado, un
triunfador de la vida que no tenía nada que envidiarle a
los más ricos hombres de empresa… porque en verdad
era, en su propia satisfacción, "¡el mejor piragüero del
mundo!"

Sea cual sea tu trabajo o profesión, busca
elevarte a tu mayor nivel de excelencia: dando lo mejor
de ti siempre. Haciendo lo que haces con el orgullo del
que cada día, poco a poco, se supera más y más.

¡Tú PUEDES!

LA MEDIDA DEL EXITO

La medida del éxito ¿Cuál es? ¿Cómo podemos darnos cuenta si somos triunfadores en la lucha por vivir? Para muchas personas ésta es una escurridiza meta, pues cuando alcanzan algo deseado quieren más y no saben conformarse.

También encontramos aquellos que se miden con la vara de otro. Se comparan con un hermano, con el padre, hasta con el vecino. Para ellos tener éxito sería igualar o sobrepasar a su modelo, aunque les falte originalidad. Les resulta tan imposible la tarea que sólo tendrán frustración y desaliento; un sentido de fracaso.

El psiquiatra norteamericano Peter G. Hanson delineó ciertos parámetros que nos pudieran ayudar a estimar si somos exitosos o no. Quisiera explorarlos - son cuatro dimensiones:

La primera es la salud: estar saludable física y mentalmente. Eso nos lo pueden evaluar nuestro médico y nuestro psicólogo – no siempre podemos analizarnos nosotros mismos. Hace falta la opinión de expertos para estar seguros.

Debemos tomar y mantener decisiones saludables en cuanto a nuestros hábitos de comer, beber, dormir, hacer ejercicios y descansar. En fin, llevar una vida sana, manejada con cuidado, evitando sobrecargas de estrés, o excesos que nos perjudiquen.

El segundo renglón son las relaciones: tener una base estable de relacionados que nos respalden –

familiares y amigos. No tienen que ser muchos… pero que sean de fiar y que no nos fallen.

Como medida adicional, aunque no indispensable, del éxito personal, podemos considerar una buena relación de pareja: saludable, satisfactoria. No tiene que ser perfecta, basta con que sea "relativamente feliz".

Lo tercero es el asunto del trabajo: en su conferencia el Dr. Hanson aclaró que si somos estudiantes, pues ese es nuestro trabajo, pero si laboramos, el éxito se mide en la eficiencia y la integridad con que desempeñamos nuestras labores y si nos gusta lo que hacemos. Aquí puede servir de guía el respeto que nos ganamos de nuestros compañeros, colegas y clientes.

Finalmente, el aspecto financiero: consideramos que somos exitosos si poseemos talento o habilidades que nos sirvan para ganarnos el sostén personal y el de los que dependen de nosotros… y un poquito más, para realizar las aspiraciones que tengamos.

¡No hay que ser rico para cubrir necesidades!

Es importante que tengamos también algún tipo de seguridad para afrontar una emergencia médica, en forma de fondos o algún plan médico. Además, algo que nos sostenga si súbitamente nos quedamos sin trabajo o por si falta esa entrada a la que ya estamos habituados.

Siguiendo estos parámetros podemos evaluar y medir nuestro éxito en la vida. Sin grandes pretensiones y con sentido común, sentir satisfacción en la vida no es difícil. **¡Tú PUEDES!**

¿QUE ES AUTOESTIMA?

Pienso que la ignorancia de nuestra verdadera identidad, lo que nos impide descubrir que somos un maravilloso SER de mucho poder, hijos de DIOS, no es otra cosa que una pobre autoestima.

Una autoestima saludable en muchos casos es la motivación más formidable.

La palabra "autoestima" está cada vez más de moda. Pero, ¿qué quiere decir?

Podríamos definir la autoestima como: la opinión que una persona tiene de sí misma; el valor que se da cada individuo; la satisfacción propia; cómo yo me siento conmigo; cuánto me amo, me respeto y me defiendo. ¿Me aprecio? ¿Pienso que soy buena persona, o que soy un fraude? ¿Creo que yo sirvo para algo o que no valgo para nada?

Estudios en torno a la autoestima revelan que ésta se va formando desde que somos pequeños.

Se relaciona con lo que nos dicen los demás, especialmente las figuras parentales que nos crían y educan – cuando emiten juicios sobre nuestra capacidad o evalúan nuestras actuaciones.

Entre las figuras parentales se pueden incluir a la mamá, el papá, abuelos, tíos, padrinos, hermanos mayores, maestros, entrenadores deportivos, líderes escuchas, etc., en fin, todo aquel que es importante para el niño o la niña; en especial si es mayor.

Si los mensajes que le llegan del ambiente vía

estas personas son indicativos de poca capacidad o de faltas y errores, los niños van formándose una pobre opinión de sí mismos.

Por eso resulta perjudicial la costumbre de estar corrigiendo a los niños y decirle todo lo que hacen mal, con la idea de que lo corrijan y se conviertan en mejores personas. Desafortunadamente se traiciona el propósito, pues el resultado es que se crean impresiones negativas en las tiernas mentes, y baja autoestima.

Si al niño, o a la niña, se le ha dicho de muchas maneras que es bruto(a), como por ejemplo: *"Tú no entiendes nada"*, *"¿Cuántas veces te tengo que explicar?"*, *"¡Usa la cabeza!"*, *"¡Qué torpe eres!"*, se grabarán esas sentencias. Si más adelante se encuentra con alguna dificultad, como por ejemplo, problemas en la escuela cuando le explican y no entiende, lo más lógico es que se diga a sí mismo: *"¡Qué bruto(a) soy!"*, o: *"¡Soy tan torpe que no entiendo nada!"*.

Para el niño o la niña no hay alternativa. No piensa que el problema aritmético sea muy difícil, o que la maestra no supo explicarlo claramente, piensa que no es inteligente, como dice su papá, su mamá, o quien sea. *"¡Ellos me conocen mejor que nadie!"*

Crecerá afrontando la vida con una identidad de fracaso, evitando envolverse, pues no hace las cosas por no sufrir la crítica al fallar, ¡porque ya sabe que fallará! Ante cada nueva prueba irá con los nervios alterados y con expectativas negativas, por lo que, naturalmente, volverá a fallar como si estuviera hechizado. Es la historia de muchos de nosotros.

Según el Dr. Eric Berne, nacemos para triunfar, como verdaderos príncipes y princesas, pero muchas veces los mayores durante la crianza nos convierten en sapos, al darnos "identidad de fracaso" cuando nos critican o siempre señalan todo lo malo que hacemos, despojándonos de la confianza en nosotros mismos.

Esto quizás está operando en contra de nuestros intereses y no nos damos cuenta. ¿Te acuerdas si en tu infancia te decían: *"No hagas eso, ten cuidado que tú no puedes... ¡Mira lo que hiciste!... Qué mal te quedó..."*? Acostumbramos a darle mayor énfasis a los errores, a lo negativo, a lo que hacemos mal. ¡Nos lo creemos y la autoestima se nos va contaminando!

Alguien vino a mi consulta con una lista de todos sus defectos. Le dije: *"Eso son sólo ideas, pensamientos y creencias, no hechos obligatorios. Si algo salió mal una vez no quiere decir que va a salir mal siempre. Lo que no te quede bien lo puedes compensar con algo que te quede mejor. ¡No tienes que hacerlo todo perfecto!"* Algo me decía que no me creía. ¡Traía una programación muy contaminada!

Cuando yo hacía programas de variedad en TV, quería controlar la producción y a la vez estar al frente de las cámaras. Cada espectáculo para mí era una prueba de fuego, una tortura, ¡yo me exigía perfección!

Da siempre lo mejor de ti y si posees habilidad o gracia para hacer algo, reconócelo, pero no te martirices por aquello en lo que aún te falte algún desarrollo. Ten paciencia y date tiempo.

¡Tú PUEDES!

RESCATANDO LA AUTOESTIMA

Recobras la confianza cuando sientes validación y recibes reconocimiento, tanto de fuera como de dentro de ti. Vencerás la "identidad de fracaso" y superarás la predisposición a equivocarte y fallar. ¡Tú puedes rescatar la autoestima! ¡La tuya… y la de otros!

Cuando sientas fracaso, identifica tus virtudes, buscando lo positivo en tu forma de ser y en tus actuaciones. Recobrarás la confianza al reconocer tus bondades y tus victorias, aunque sean pequeñas.

Mantén la fe, aunque otros la hayan perdido.

Sabiendo lo que es "autoestima" y cómo se ha desarrollado la tuya, podrás trabajar mejor con ella, aumentándola cada vez más.

Imagínate que tu autoestima se encuentra depositada, como dentro de una especie de vasito, dentro del pecho:

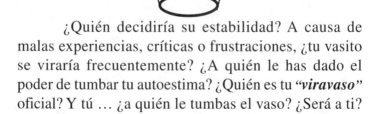

AUTOESTIMA

¿Quién decidiría su estabilidad? A causa de malas experiencias, críticas o frustraciones, ¿tu vasito se viraría frecuentemente? ¿A quién le has dado el poder de tumbar tu autoestima? ¿Quién es tu *"viravaso"* oficial? Y tú … ¿a quién le tumbas el vaso? ¿Será a ti?

CUANDO GANANDO PIERDES

Al parecer, nuestra sociedad inculca la idea de ganar siempre, venciendo al contrario como sea, para elevar la autoestima mediante la sensación de victoria. Ser el ganador se ha convertido en el credo religioso de los tiempos (lo vemos todos los días).

Analicemos la programación de aquellos atletas que pretenden ganar haciendo trampa, usando esteroides u otras drogas que les dan fuerza e ímpetu, faltando a las reglas o compitiendo con ventaja.

Cuando figuras sobresalientes del deporte como son los entrenadores Vince Lombardi y Billy Martin declaran cosas como éstas: *"Ganar es lo más importante"*, *"Ganar es todo"* y *"No importa como se gana, el juego se llama ganar,"* ¿qué podemos esperar de los atletas?... ¿Espíritu deportivo? ¿Y del fanático?

Sólo hostilidad, egoísmo y trampas. En vez de servir el deporte como válvula de escape a la agresividad y a la violencia, engendra combatividad entre los fanáticos. Es un mal ejemplo el que proyectan los atletas a los espectadores, en especial a los chicos.

Se especula que todo este sistema desalienta a la mayoría de las personas, que entonces prefieren no jugar ellos, simplemente observar, ya sea en deportes, o en cualquier clase de juegos. Al no competir, evitan el riesgo y la vergüenza de una derrota. ¿Mike Tyson?

Nos vamos convirtiendo en entes pasivos; simples espectadores de los juegos, y de la vida.

A lo mejor, por eso es que nos dejamos pisotear y abusar, siempre esperando que sean otros los que resuelvan y hagan las cosas.

No participamos, ni nos involucramos.

Creemos que no podemos ser "suficientemente buenos" y nos sentimos incapaces de ganar.

Se critica muy duramente al que juega mal, o pierde, o comete un error: sea en el dómino o en la pelota. Es común decirle a otros y decirnos a nosotros mismos "flojos", que no servimos, que somos una porquería.

Si así nos sentimos, ¡pues preferimos no participar! Porque terminamos creyéndonos que nuestro valor como personas depende de cuan bien o mal jugamos y de si ganamos o perdemos.

Sólo puede haber un ganador; un número uno. ¿Y los demás? ¿Somos entonces una sociedad de perdedores?

Yo no lo creo. Yo me resisto a patrocinar esos esquemas de programación cultural.

Y tú, ¿prefieres jugar para divertirte y pasar un buen rato compartiendo, o "tienes" que ganar?

¿Sólo juegas para ganar?

Mira, ten cuidado, porque así es como ganando sales perdiendo.

Los *"gurús"* deportivos como Vince Lombardi y Billy Martin indiscutiblemente son excelentes en su especialidad, pero que me perdonen los expertos en deporte, ¡ganar no es todo!

Cómo juegas... ¡eso es lo importante!

LOS "BARROTES" MENTALES

Dentro de la psicología moderna, la escuela "cognoscitiva", o "cognitiva-conductual", rechaza la ecuación tradicional **E-R** (estímulo-respuesta).

Contrario al concepto de que toda acción provoca una reacción (según la ley de causa y efecto), los del nuevo pensamiento proponen que en los seres humanos media un factor clave entre el estímulo y la respuesta. Ese factor es la mente - y su programación.

De ahí surge la nueva ecuación **E-O-R:** "estímulo - organismo - respuesta", o sea, que las personas no respondemos ciegamente, instantáneamente, como autómatas; pensamos, interpretamos y le damos significado al estímulo recibido, antes de emitir respuesta.

A mi entender, si la respuesta es automática, esa rapidez usualmente responde a la programación mental.

Esta corriente psicológica está sólidamente respaldada con estudios científicos, experimentos, teorías, terapias y tratamientos. La psicoterapia más utilizada en el modelo es la que diseñó el Dr. Albert Ellis :**"La terapia racional emotiva"**, donde la ecuación **E-O-R**, ha sido simplificada sustituyéndola por las letras **A-B-C**.

La **A** representa el "**A**cto", lo que sucede (que puede ser algo real o imaginado).

La **B** es lo que pensamos sobre **A**, el filtro del sistema de creencias *("Belief system")*, que puede estar contaminado por "paradigmas" y programación negativa, por lo que a la **B** yo le llamo "Los **B**arrotes" mentales.

La **C**, es la " **C**onsecuencia", lo que nos sucede, cómo nos sentimos y lo que hacemos.

Ellis se basa en las enseñanzas de los filósofos estoicos, quienes decían que: *"No son las cosas y los eventos lo que afectan a las personas, sino la opinión que las personas tienen de las cosas y los eventos".* (¡Olé!)

Por lo tanto, no son los problemas, ni la gente, ni lo que pasa lo que te afecta el estado de ánimo, es lo que tú piensas sobre estos. Del pensamiento surge la respuesta: negativa, hostil, depresiva, o pacífica, tolerante, ecuánime.

Eres responsable de lo que sientes, ¡porque es producto de lo que piensas!, y nadie piensa por ti.

"Cambia tus pensamientos y cambiará tu vida."

Sin embargo, existen pensamientos equivocados, ideas negativas, fantasías estresantes, errores de juicio que la mente va aceptando como ciertos a partir de las experiencias que vamos viviendo y de lo que aprendemos de las personas importantes con quien nos relacionamos: ésta es "la programación" que tanto nos afecta.

Estos pensamientos nos ocasionan malestar y en muchos casos problemas emocionales, perjudicando nuestras relaciones. Según otro baluarte de la psicología contemporánea, el Dr. Aaron T. Beck, esas "distorciones" son muy comunes entre la mayoría de las personas. En otras palabras, entre la gente "normal" como tú y yo. La mente presenta esos pensamientos habitualmente y si no somos cuidadosos, los creemos y caemos en disfunción.

Por eso es que Ellis completa su fórmula con la **D** del "**D**esafío", donde retamos la programación y con la **E**, el "**E**fecto" o sea, el resultado de haber pensado mejor.

LAS IDEAS NEGATIVAS

Si tenemos la autoestima alta o baja podemos identificar ciertas ideas que influyen en como nos sentimos. Estas nos podrían causar gran desasosiego y pérdida de confianza, pues son negativas, irracionales, locas o simplemente "torturantes".

Te voy a enumerar algunas muy comunes, que todos hemos dado por ciertas en algún momento de la vida. También te voy a dar algunas sugerencias para combatirlas. Veamos:

1. La idea del aplauso y la popularidad. Pensar que todas las personas deben simpatizar con nosotros y aprobar lo que hacemos. Es vivir por "lo que dirá la gente", o tratar de complacer a todo el mundo. Si alguien nos critica o no aprueba nuestras acciones, nos parece terrible y no podemos sentirnos bien hasta que no recobremos el aplauso y la popularidad.

El antídoto es pensar que no somos un billete de cien dólares para caerle bien a todo el mundo.

2. La idea de la infalibidad. Creernos que no está permitido equivocarse. Nos da vergüenza y nos resulta intolerable que fallemos, nos equivoquemos o cometamos algún error.

Antídoto: piensa que nadie es perfecto.

3. La idea de los malos y los buenos. Es categorizar a las personas como gente mala o gente buena por lo que creemos de ellas, basándonos en algo que hemos visto o sabido de ellas. A los que consideramos malos, les deseamos un castigo terrible y pensamos que deben pagar caro sus fechorías. No permitimos que alguien acepte que haya cometido un error o que pague su deuda, pues siempre los vemos como culpables de lo que han hecho – no importan las circunstancias, las razones, o el arrepentimiento.

Para contrarrestar esta idea: ver que nosotros y los nuestros también estamos sujetos a hacer algo inapropiado en algún momento, y que llegado el caso, nos gustaría que se nos perdonara.

4. La idea del poder de las emociones. Creer que no se puede hacer nada cuando una emoción nos embarga. Si es tristeza, nos entregamos; si es coraje, nos violentamos, etc., etc. Equivocadamente creemos que nuestras emociones son causadas por factores fuera de nosotros, o sea, por la gente y las cosas.

Podemos combatir esta idea: diciéndonos en voz alta o en la mente, un mensaje contrario a la emoción perturbadora. Por ejemplo: "Cálmate, suave, no te incomodes, no le des tanto color, etc." También es conveniente analizar lógicamente lo que sucede, dándole una explicación o buscándole la vuelta.

5. La idea del poder del pasado. Pensando que lo que pasó una vez nos obliga, nos ata y no podemos liberarnos de su influencia. Así vemos todo lo nuevo a través de la experiencia que antes vivimos y contaminamos el presente con el pasado. Nuestros sentimientos se ven influenciados por lo de "allá y entonces". Aquello es como una condena perpetua.

Para anular esta idea, aprendamos a perdonar y olvidar. Repitiéndonos frases como: "Esta es una nueva experiencia, la vida sigue y no me voy a estancar en el pasado", etc. Miremos cada momento como lo que es en realidad: nuevo y diferente.

6. La idea de que no va a dar el tiempo. Nos creemos que se nos hace tarde para lo que tenemos que hacer, para lograr nuestras metas o para disfrutarlas suficiente. Queremos que todo suceda rápido, no sabemos esperar y al apresurarnos nos atrasamos y retrasamos a los demás. Muchas veces estamos ansiosos por que suceda algo emocionante que nos quite el aburrimiento y nos haga gozar o triunfar.

Antídoto. Repetirnos que: "Hay tiempo para todo" y también aquello de: "Vísteme despacio que voy de prisa". Además, aceptar que el tiempo pasa a su propia velocidad, no a la que nosotros exigimos y que todo lo bueno toma tiempo. Practicar pues la ciencia de la paz: la **paciencia**.

7. La idea de que la vida debiera ser fácil. Que no debemos tener problemas … ¡Pásenme las uvas!

Aquí hace falta una gran dosis de realidad: nadie se libra de los problemas en esta vida. Son tan parte del diario vivir como el día y la noche. No olvides que por larga que parezca la noche, siempre habrá un nuevo amanecer.

8. La idea de que no vamos a poder. Que no merecemos alcanzar nuestros ideales, por faltarnos la capacidad, el talento, conocimientos, aguante etc.,etc.

No te creas esos complejos… que **¡Tú PUEDES!**

El Modelo Racional Emotivo:
A - El acto - lo que nos sucede;
B - Lo que pensamos sobre "A"
C - La consecuencia de "B"

La Terapia:
D - Desafiamos "B"
E - El efecto de "D"
(una mejor consecuencia)

Esta es una sobre-simplificación.
Para máxima comprensión
consulta con tu psicoterapeuta.

FANTASIAS DEBILITANTES

Dentro del poderoso componente **B** de "la programación mental" afectan la autoestima una serie de fantasías, suposiciones y errores mentales, que al creerlas producen mucho estrés. Propone el Dr. Arnold Lazarus que entre dichas fantasías se encuentra la base para la inestabilidad psicológica de muchos individuos. Veamos:

1. La fantasía de la perfección. Cuando esperamos demasiado de nosotros mismos y de los demás, nos tornamos exigentes, nunca estamos conformes con los resultados de las acciones, y en términos generales, vivimos día a día en una constante frustración. Lo peor del caso es que pagamos este precio por un imposible, pues la perfección no está disponible para los mortales.

2. La fantasía del desastre. Nos lleva a esperar siempre lo peor de cada situación. No tenemos fe ni esperanza, todo lo vemos como fatal, desafortunado, mal intencionado y no vale la pena tratar *"porque si total, siempre va a salir mal"*. Cualquier plan nos parece destinado al fracaso antes de empezar, así que desalentamos a todos, y en especial, a nosotros mismos: la inmovilidad nos convierte en piedras, pues preferimos no sentir, mejor que perder.

3. La fantasía del salvador. Nos hace esperar que alguien, mortal o divino, nos resuelva siempre los problemas. En el peor de los casos, dejamos tanta carga y responsabilidad en las manos de Dios, que no hacemos nada por ayudarnos ni por ayudar.

Es llevar aquello de: *"Que sea lo que Dios quiera"*, al nivel de excusa y olvidar lo de: *"Ayúdate que Dios te ayudará"* y lo de: *"A Dios rogando ¡y con el mazo dando!"*, que son máximas de sabiduría eterna. En las más comunes ocurrencias, siempre culpamos de nuestros males a quien no nos salvó: llámese padre, madre, pareja, hijos, hermanos, gobierno, mal tiempo, o vida.

4. La fantasía de la víctima. *"Pobre de mi, que nada me sale bien, soy la víctima de la gente mala, de las circunstancias, de mi mala suerte, de mi destino cruel"*. No reconoce su responsabilidad en las consecuencias de sus actos, pues siempre hay una causa externa; siempre encuentra a alguien o algo a quien culpar. Este síndrome está relacionado con la fantasía anterior, la del salvador.

Mi primo más cercano y querido, de pequeño se echó la maldición de víctima repitiendo: *"Es que yo nací para sufrir"*. En la vida gozó y sufrió, pero perdió un hijo y murió con un terrible sufrimiento.

5. La fantasía del campeón. Nos inspira un desmedido espíritu de competencia, pues nos creemos que nuestro valor como personas está basado en ganar, ganar y ganar – cueste lo que cueste. Todo lo vemos como una lucha contra la oposición. No permitimos que nadie nos supere en nada ni que se nos señalen errores ni equivocaciones. Ganamos y nos sentimos eufóricos, pero nos dura poco, pues enseguida nos invade la preocupación por la próxima contienda, y si perdemos, nos sumimos en depresión, rencor y deseos de desquite, pues la victoria o la derrota es lo que nos valida o nos destruye.

6. La fantasía del adivino. Nos hace creer que podemos saber lo que otros están pensando y las intenciones que tienen cuando dicen o hacen algo.

Nos pasamos adjudicándole a los demás ciertos pensamientos destructivos hacia nosotros, o nos imaginamos que en sus agendas favorecen el humillarnos o perjudicarnos de alguna manera, y que se regocijan de nuestros contratiempos, a la vez que nos envidian los éxitos.

Esta fantasía también nos lleva a exigir que nuestros íntimos sepan cómo nos sentimos sin que se lo digamos, por lo que les adjudicamos mala intención cuando no nos complacen o no nos atienden en lo que "deberían saber" sobre nosotros.

7. La fantasía de la preocupación. Nos hace creer que al preocuparnos mucho por las cosas conseguimos que éstas cambien o mejoren, cuando es todo lo contrario, pues el constante uso de la mente en rumiaciones negativas nos cierra las posibilidades de solución y activa el sistema de alarma que nos nubla el entendimiento. Es muchísimo más productivo ocuparse, en el momento justo y necesario, que ocuparse antes de tiempo, o sea, "pre-ocuparse".

Estas siete fantasías debilitantes pertenecen al conglomerado de "los barrotes mentales", que crean "paradigmas" contaminantes de nuestra programación.

ERRORES DEL PENSAMIENTO

A continuación, un listado de los "errores de pensamiento", identificados por el Dr. Albert Ellis, con los que usualmente perjudicamos nuestra autoestima:

1- Pensamiento dicotómico: Nos vamos a los extremos: todo o nada, blanco o negro, "amigo o ..."

2- Sobregeneralización: Tomamos uno o más eventos como un predeterminado patrón de derrota.

3- Filtro mental: Le vemos lo negativo a todo.

4- Descalificación de lo positivo: Aunque lo tengamos en las narices, no reconocemos lo bueno.

5- Inferencia arbitraria: Juzgar sin tener base.

6- Adivinación: Creemos leer las mentes y las intenciones, o imaginamos que otros nos leen.

7- Catastrofizar: Predecir o imaginar desenlaces trágicos de eventos o situaciones.

8- Amplificación o minimización: Elevar o bajar la importancia de nuestros asuntos, errores o virtudes. Le restamos importancia o nos "ahogamos en un vaso ..."

9- Razonamiento emocional: Juzgamos los eventos y las personas a partir de cómo nos sentimos.

10- La tiranía de los "tienes" y los "deberías": Demandamos de los demás o nos exigimos perfección.

11- Categorización: Juzgamos a otros y nos juzgamos, con señalamientos y utilizando "etiquetas".

12- Personalización: Todo lo tomamos personal.

13- Racionalización: Tenemos o buscamos una explicación "lógica y razonable" para todo.

¿BLANCO O **NEGRO?**

Quizá el error del "pensamiento dicotómico" causa tanta distorción en nuestra apreciación de la gente y los eventos como los otros doce, pero quisiera tomar un momento para explorarlo más detenidamente.

Un día fue a consultarme un joven que vestía camisa negra y pantalón blanco. Me dijo muy seguro de sí mismo: *"Usted ve como yo visto, de blanco y negro, pues así es que yo evalúo las cosas: o son de una manera o son de otra, pues para mí no existen los términos medios. Eso de que una persona sea buena pero que se porte mal alguna vez yo no lo acepto, o se es bueno o se es malo".*

Al principio no quise alarmar al joven, pero me dio mucha tristeza su posición de persona extremadamente rígida para quien no puede haber puntos de negociación o aceptación de la diversidad de conductas y caracteres. Por seguir su comparación: una gama de colores.

Las cosas no son siempre de una forma o de otra: "blancas o negras", "sí o no", "todo o nada", aunque lleguen a serlo en algunas ocasiones. Los que piensan así usualmente se encuentran en polémicas, porque sus exigencias son muy duras de complacer.

Aquí caen los perfeccionistas, y los obsesivos compulsivos que caminan más o menos por el mismo túnel. Sólo ven una cosa al final: lo idealizado, la perfección ¡y no aceptan menos!

A estas personas se les hace sumamente difícil aceptar opiniones distintas a las suyas. El que no les da la razón es su enemigo: *"Si no estás conmigo estás en contra mía"*, o sea, *"Compláceme, ¡a la fuerza!"*.

Castigan a esos enemigos con el desprecio, eliminándolos de su mundo. Lamentablemente así se van quedando cada vez más solos – aunque estén rodeados de débiles de carácter que aceptan ciegamente sus mandatos y caprichos.

En algunas parejas pudiera darse una dinámica así: el que es rígido se endurece aún más, llegando a disfuncionar, apartándose de la realidad al encontrar que ésta contiene ideas y opiniones diferentes a las suyas. Se encierran en su propio mundo, sus cuatro paredes "seguras"; y quien lo acompaña, su pareja, adopta los mismos puntos de vista, con síntomas idénticos. Clínicamente se le llama "locura de dos".

Amigas y amigos: aprendamos a buscar los puntos medios, las áreas grises. Apreciemos el colorido ramillete que nos regala el arco iris en la naturaleza. Celebremos la riqueza de diferentes caracteres de que está compuesta la humanidad.

¿Vamos a vestir siempre de blanco y negro?

El Dr. Albert Ellis señala estas ideas negativas y fantasías debilitantes conque nos tumbamos la autoestima como el elemento clave en la psicopatología.

Simplemente son "errores de pensamiento"… que pueden ser corregidos.

¡Tú PUEDES!

¡LAS BARBARIDADES QUE NOS DECIMOS!

Nuestros pensamientos pueden tener efectos destructivos en la autoestima según lo fuerte que sean "los barrotes mentales" y las directrices del "comité timón" o "crítico interno" (el componente **B**).

Otro psicólogo, el Dr. Shad Helmstetter, enfatiza que lo que repetimos en la mente provocará estados emocionales – igual que los lemas publicitarios provocan el deseo de comprar. El sugiere que imaginemos lo que se siente cuando nos repetimos frases como éstas:

"¡Yo no sirvo para eso!

¡Me da coraje conmigo!

¡Esto es imposible!

¡Siempre meto las patas!

¡Qué torpe soy!

¿Cuándo voy a aprender?

¡Ya se me dañó el día!

¡Otra vez me equivoco!

¡Estoy que no valgo nada!

¡Esto me está matando!

¡No aguanto más!

¡Me estoy volviendo loco!

¡Qué estupidez he cometido!

¡Siempre caigo en la trampa!

¡Hoy no es mi día!

¡Esto nunca lo voy a entender!

¡Qué mala suerte la mía!

¡Si no tuviera tantas libras demás!

¡Es por mi estatura!

¡Maldita sea mi voz!

¡Si yo tuviera más dinero!

¡Si tuviera más tiempo!

¡Es que a mí, los nombres se me olvidan!

¡Este va a ser otro de esos días!

Antes de las diez de la mañana no computo...

Sin una taza de café yo no puedo funcionar...

¿Para qué seguir tratando?

¡No vale la pena ni tratarlo!

¡Nada vale la pena!

Yo sé que no va a funcionar.

A mí nada me sale bien.

Es que yo no tengo talento.

Ultimamente todo se me olvida.

Es que no me atrevo.

Yo sé que a mí esto no me va a gustar nada.

A mí esto me va a caer mal.

¡Esto no va para ninguna parte!

¡Se me está haciendo tarde en la vida!

¡Ya se me acabó el tiempo!

¡A mí nadie me quiere.

Lo mío no importa.

¡Es que yo no puedo!

¡Eso yo no lo soporto!

¡Ni yo me puedo soportar!

Etc. etc., etc., etc."

¿Cuántas de estas frases te has dicho? ¿Cuántas veces te has bajado la autoestima repitiéndolas? Cambia tu repertorio. **¡Tú PUEDES!**

EL IMPULSO
DE LA MOTIVACION

*La motivación es
lo que nos mueve a la acción;
aquello que nos impulsa a hacer algo
o que por el contrario,
nos detiene o inmobiliza.
Si alguien está sin animos ni deseos de actuar,
¿eso quiere decir que le falta motivación?
¿Qué le ha llevado a ese estado?
¿Qué le mantiene así?*

EL PRIMER DIA

La buena noticia es que:

¡Hoy es el primer día!

¡El primer día del resto de tu vida!

¡Del resto de tu vida!

¿Qué vas a hacer con él?

Hoy es el primer día del resto de tu vida.

¡Atrévete a vivirlo!

Supérate, que ... ¡Tú PUEDES!

Eres tu propio comité de bienvenida.

¡Hoy es el primer día del resto de tu vida!

BUSCANDO LA AUTOREALIZACION

El concepto "autorealización" pertenece a las teorías del psicólogo humanista Abraham Maslow.

A mi entender el término se refiere al logro pleno del potencial humano: llegar a ser lo mejor que podamos ser como personas útiles a la sociedad, alcanzando paz interior y armonía con nuestro mundo.

Aunque Maslow presenta una serie de etapas por las cuales atravesamos camino a ese ideal, humildemente propongo que para buscar la "auto-realización" debemos comenzar poniendo nuestra cuenta en cero. Como mencioné en la introducción: sin exceso de equipaje, sin saldos al descubierto ni asuntos por terminar. Sin gríngolas "paradigmáticas" ni lentes oscuros.

Hoy es el primer dia del resto de tu vida.

No lo contamines con lo pasado, por favor.

Imita al sol de la mañana: ¡renace con el día!

Ejercicio: "El último día"

En algunos de mis talleres y seminarios dirijo un ejercicio que titulo, irónicamente, "El último día".

Para algunas personas puede parecer tétrico, pero para muchos tiene un efecto centralizante y liberador, pues los ubica en el momento presente en el contínuo de sus vidas. Posee un alto contenido emocional. Te lo voy a describir para que lo consideres.

Si te atreves, hazlo ahora, o si prefieres, déjalo

para algún momento más apropiado.

Es un juego de la imaginación... aquí va:

Imaginas que ha ocurrido algo terrible: una contaminación, virus o intoxicación de gases que acortará tu vida - irremediablemente morirás hoy.

Sin embargo, existe un ser en la creación que te puede extender la vida un día más, si le convences de que vale la pena que tú vivas 24 horas más.

¿Donde encontrarás ese ser?

Mirando en un espejo. Puede ser un espejo real o te lo imaginas cerrando los ojos.

Comienzas la negociación, presentando tu propuesta: la agenda del último día de tu vida.

√ *¿A quién vas a perdonar?*

√ *¿A quién o a quienes le pedirás perdón?*

√ *¿Qué sueño o proyecto incompleto vas a esforzarte por completar?*

√ *¿Qué asunto o asuntos personales, que sólo tú conoces tratarías de enmendar?*

√ *¿Qué dirías que no has dicho... y a quién?*

√ *¿Qué contribución harás para ayudar a alguien o mejorar el mundo que vas a dejar?*

√ *¿Con que persona o personas preferirías pasar tus últimas horas?*

√ *¿Qué harías durante esas horas?*

Prepara la agenda escrita para tu último día.

Motívate a vivir cada día como lo que es: el primero del resto de tu vida. Y vívelo también como lo que también pudiera ser: el último.

LAS NECESIDADES MOTIVAN

De las teorías del Dr. Abraham Maslow, su "jerarquía de necesidades" aclara el concepto de **la motivación**: porqué hacemos lo que hacemos. ¡Estamos todo el tiempo motivados!, positiva o negativamente.

Los estímulos que nos llegan del ambiente pueden hacernos reaccionar al chocar con la "programación" (nuestros pensamientos, ideas, esquemas, imágenes y creencias). La resultante respuesta puede ser a favor o en contra del estímulo.

Si queremos entender por qué y para qué se movilizan las personas, debemos considerar lo más decisivo en la motivación: las necesidades básicas del ser humano.

Las necesidades de supervivencia

Según las teorías de Maslow, primero están las necesidades fisiológicas, pues son las que nos mantienen vivos y funcionando: comer, dormir, abrigarnos, etc. Luego, no nos basta con llenarlas en el día de hoy, pues nos interesa asegurar una cierta estabilidad. Necesitamos seguridad, queremos sentirnos tranquilos sabiendo que mañana y después, también tendremos ropa, zapatos, casa y comida, como dicen.

Las necesidades de convivencia

Una vez cubiertas las necesidades básicas de supervivencia y seguridad, nos moveremos entonces a las de convivencia (vivir con los demás). Así nos motivan los sentimientos de amor y de pertenencia: al sabernos queridos y dar amor a otros; al pertenecer a algo o a alguien más allá de nosotros mismos. Eso nos da identidad y nos produce sensación de valía, por lo que el ser aceptado es vital.

Las necesidades de superación

De ahí en adelante nos movemos a las necesidades más elevadas: el desarrollo de nuestra autoestima (la forma como pensamos sobre nosotros mismos) y la superación (ir mejorándonos y descollar). Valorarnos nos da una imagen o concepto positivo de nuestro propio ser y permite que nos podamos desarrollar al máximo de nuestro potencial.

Una vez satisfechos con nosotros mismos, se nos despertará la necesidad de servir: **el altruísmo**. Ayudar a los demás, estar al servicio de la humanidad.

Aseguró Maslow que así es, en fin de cuentas, como alcanza la suprema motivación todo ser humano: mediante la autorealización. En pos de esa meta vamos.

Dirigido por las ideas de los grandes pensadores que han inspirado lo que escribo en este humilde libro de auto-ayuda, me atrevo a repetirte:"**¡Tú PUEDES!**"

¿QUE TE MOTIVA A TI?

Para conocer mejor nuestra programación, observemos de cerca el fenómeno de la motivación. Si entramos a un nivel más detallado, saltan a la vista unos factores que nos impulsan con mayor fuerza que otros. Aquello por lo cual estamos dispuestos a sacrificarnos.

Conviene estar claros en cuanto a qué o quién nos motiva a la acción... por si obedece a una programación poco constructiva.

Los siguientes, no son elementos positivos ni negativos, simplemente son factores motivacionales comunes que debemos aceptar y auto-evaluar:

El dinero es un gran agente motivador, puesto que es útil para vivir, por eso a tantas personas las mueve el interés económico, pero si ese es el principal motivador, y todo, o cualquier cosa, se hace por dinero: ¡cuidado con el amor al dinero!

El reconocimiento es muy necesario pues anima, entusiasma, y nos hace sentir que valemos; pero no siempre nos van a aplaudir.

El temor en ocasiones provoca acciones. El miedo a fallar, a equivocarnos, a sufrir, a ser abandonados. Nos aterran las consecuencias negativas. Por ejemplo: cuando continuamos trabajando en un lugar o profesión, aunque no nos agrada – por el miedo a quedarnos en la calle.

La posición, o lo que representa la reputación, "el qué dirán", "el caché" y otras razones relacionadas con la imagen. No es malo querer destacarse y figurar, pero cuando esto nos lleva a actuar insensatamente... ¡mucho ojo!

Un reto es cuando algo nos resulta deseable, por ser difícil. Es como una prueba de nuestra capacidad que nos atrae, ¡y lo intentamos! Cuando una persona se siente retada, se mueve a la acción, o se amedrenta.

El deber nos motiva si sentimos que algo depende de nosotros: una tarea, un proyecto, una o más personas.

El progreso. Todos los seres humanos mentalmente saludables queremos progresar, mejorar, superarnos. Muchas cosas se hacen por progresar.

El trabajo motiva cuando nos gusta y no nos molesta envolvernos en él.

La lealtad a una causa, un ideal, una persona, a la familia, a nuestros principios o creencias.

La satisfacción: nos gusta y nos complace.

El poder: sentirnos en control, dominar situaciones, personas, organizaciones, mandar y que se nos obedezca. El poder motiva sobremanera a muchas personas, pero hay que tener cautela, pues el ansia de controlar puede ser peligrosa para la salud mental.

El amor. Lo dejé para último, porque es el motivador mayor. Es como dice la canción "Por Amor", de Rafael Solano: se hacen y se deshacen mil y una cosas en nombre del amor, y por aquello que nos inspira amor. La fuerza del afecto positivo es una estupenda inspiración para todos

¿Con cuál de estos factores te identificas más?

Existen varias teorías de motivación que los estudiosos de la conducta humana proponen. El punto de partida es que **cada persona se motiva a sí misma**. El ambiente ejerce influencia, inspirando, presionando y a veces obligando, pero al final de cuentas cada cual hace lo que decide o desea hacer. Tú tienes la última palabra.

Todo es cuestión de conocerse uno mejor, estar bien familarizado con la programación que nos mueve y organizar estrategias motivacionales positivas.

Estrategias motivacionales

√ Identifica tus prioridades: lo que es importante y lo que es secundario.

√ Establece metas a corto y largo plazo, pues necesitas un mapa que te guíe.

√ Planifica tus días y tus semanas: utilizando listas y recordatorios.

√ Reconoce tus atributos: si tú no te das crédito ¿quién te lo dará?

√ Recuerda y saborea tus éxitos, que eso refuerza la autoestima y eleva el ánimo.

√ Escoge modelos a seguir; personas de las que puedas aprender.

> *"SIEMBRA Y RECOGERAS."*
> **AYUDA A OTROS.**
> **¡Tú PUEDES!**

El amor es la respuesta

"Cualquiera que sea la pregunta,
el amor es la respuesta.
Cualquiera que sea el problema,
el amor es la respuesta.
Cualquiera que sea la enfermedad,
el amor es la respuesta.
Cualquiera que sea el dolor,
el amor es la respuesta.
Cualquiera que sea el temor,
el amor es la respuesta.
El amor siempre es la respuesta,
porque lo único que existe es el amor."

Gerald Jampolsky

MOTIVA CON UN "TE QUIERO"

Son muchas las promesas que nos hacemos que se encuentran depositadas en el saco del olvido, en la gaveta de la vagancia o en el archivo de las pocas ganas.

El problema estriba en que nos ponemos metas demasiado altas y pensamos que es fácil cambiar hábitos y adoptar nuevas actitudes.

Correcto.

No es fácil alterar patrones de conducta enraizados en nuestra forma de ser. Con la ayuda de un psicoterapeuta y la debida atención, el esfuerzo puede rendir fruto, pero no es tan sencillo como hacer una promesa, aunque sobren las buenas intenciones.

Te ofrezco una idea que puedes usar a manera de compromiso estable, que no es muy difícil de cumplir. Es sencillamente decirle: "Te quiero" y "Te quiero mucho", a las personas que queremos – para ayudarlos a motivarse. Dejárselo saber, a nuestra pareja, a los niños, a nuestros padres, abuelos, etc., no sólo con nuestras acciones, sino también con declaraciones.

Decírselo.

Al decir: *"Yo te quiero mucho"*, puedes dar un toquecito cariñoso en el hombro, un apretoncito de manos, un abrazo y/o un besito. Acompaña la palabra con el contacto y estarás reafirmando el mensaje, y si le añades una mirada que proyecte ternura o admiración serán tres niveles de comunicación que estarás utilizando.

Se convertirá en un hábito para ti, porque el resultado de dicha acción te premiará y ese refuerzo hará que la repitas.

Después de enviar el mensaje, haz una pausa, un instante de silencio, para que se asiente y sea recibido en su totalidad. Es importante el silencio pues crea la condición ideal para que la otra persona responda (si puede, si sabe y si le sale).

No es indispensable una respuesta, ni la esperes.

No lo hacemos con la intención de que nos quieran de vuelta, simplemente es para dejarles saber nuestro cariño.

Si hay o no hay respuesta, no es importante, con que se deje querer será más que suficiente.

Lamentablemente en estos tiempos no se acostumbran mucho las manifestaciones de amor. Hay personas que no saben expresar en palabras o gestos su sentir, y por eso, ante una caricia física o verbal inesperada, se pueden confundir. Tenlo en mente y actúa con propiedad.

Este interesante experimento es fácil y divertido; motiva con un "Te quiero".

¡Tú PUEDES!

CARTELITOS MOTIVADORES

Es conveniente hacer cartelitos con mensajes motivadores que nos fomenten buenos hábitos.

Pueden ser simples recordatorios para aliviar el estrés, soportar las presiones del diario vivir y estimularnos a seguir adelante.

Ponemos estos *"cartelitos útiles"* en los espejos, en el escritorio, en la puerta de la nevera, en el auto, etc., o sea, en los sitios que nos ingeniemos de manera que se nos presenten en diferentes momentos del día. Si nos combinamos con otra persona podemos dejarnos notas uno al otro en sitios inesperados, como sorpresa.

Desde pequeños nos acostumbamos a recibir órdenes, indicaciones y sugerencias del ambiente, de otras personas, por eso, estos mensajes por lo general ejercen influencia sobre nosotros.

Te presento algunas ideas: el primer mensaje es sugerido por un estimado viejo amigo, el profesor José (Joe) González:

"BAJA LOS HOMBROS".

Inconscientemente acumulamos responsabilidades en el lomo de la espalda y los hombros se nos endurecen bajo el peso de esa carga. Anda, ¡bájalos!

Es bien relajante respirar profundo. Para que no se nos olvide hacerlo, nos dejamos la siguiente notita:

"RESPIRA PROFUNDO".

Otro buen mensaje es :

"TOMALO CON CALMA".

La prisa y la desesperación pueden ser nuestros enemigos más traicioneros. Vamos a darnos tiempo: *"TOMATE TU TIEMPO"*.

"HAY TIEMPO PARA TODO".

Si tienes la tendencia a trabajar demasiado, entre ratos procura divertirte, o variar el curso. Cambia de canal a otro asunto. Cambia de acción o de ideas, pensando en cosas distintas, tal vez divertidas. Déjate estos recordatorios: *"DIVIERTETE"*.

"ATIENDETE".

Ese es un mensaje muy valioso. Por tanta lucha y desesperación nos olvidamos de atender nuestros gustos y necesidades. Un bañito largo, suave, con agua tibia... ir a la barbería o a la peluquería, para que nos consientan, etc.

No necesita mucha explicación esta sugerencia: *"NO TE PRE - OCUPES"*.

Si las cosas que esperas no se te dan fácilmente: *"DEJALO FLUIR"*.

Es poderosísimo ese mensaje, pues la vida corre y fluye con dirección y propósitos que no entendemos.

Resumiendo la intención de estas estrategias: *"NO TE TOMES TAN EN SERIO"*.

Y como si recibiéramos un memorándum del *Creador*: *"DIOS ESTA CONTIGO"*.

Y por supuesto: *¡ATREVETE … SUPERATE!*

y

"¡TU PUEDES!"

TEN CONFIANZA EN TI

En las teorías psicológicas del Dr. Alfred Adler, el hombre es un ser social, por lo que su principal anhelo es el de pertenecer, el de formar parte de algo; por eso las llamadas cualidades humanas no son otra cosa que movimientos de acercamiento hacia los demás.

Todas las cosas que hacemos tienen un propósito. Más que la razón, Adler buscaba la intención. Se encuentra no el "porqué" sino el "para qué", y así conocemos mejor a la persona.

Sobre las emociones, Adler dijo que éstas son una creación de nosotros mismos y que las desarrollamos como herramienta para manejar mejor las situaciones. Por lo tanto, las emociones están bajo nuestro control y no como se cree comúnmente, que estamos a la merced de nuestras emociones.

Sobre el sexo, él opinaba que el hombre y la mujer poseen el sexo, no que el sexo los posee.

Sobre las neurosis decía que son formas de defendernos ante situaciones sociales a las que no sabemos enfrentarnos positivamente. Además, que la falta de aliento, de ánimo, el no creer en uno mismo, es la base de toda neurosis.

En otras palabras, la baja autoestima, una mala opinión de uno mismo, es el veneno de la personalidad. Esa es la programación negativa.

El proceso de superación se simplifica ante esta realidad identificada por Adler, pues la motivación del individuo estriba en que recobre la fe y la confianza en sí mismo; que sienta que vale, que sirve, ¡que puede!

En esa medida, todos nos podemos ayudar y ayudar a nuestros semejantes: estimulando una auto-imagen positiva, una identidad de éxito.

Otro de sus principios para el mejoramiento:

"No es tan importante entender lo que estamos sintiendo, más bien entender lo que estamos haciendo".

Según el Dr. Adler, resulta más fácil cambiar lo que uno está haciendo antes de cambiar lo que está sintiendo. (Cambia tu conducta, tus actos.)

El reconoció la utilidad de los recuerdos de la infancia como señales claves para entender nuestra programación. Recordando y analizando como eran nuestros familiares cuando nos criaban, podemos entender por qué tenemos hoy día ciertos puntos de vista, temores, complejos, creencias, actitudes, "paradigmas", etc., en fin, comenzaremos a entender la programación que tenemos grabada en la mente.

Esos recuerdos de la infancia nos ayudan a comprendernos mejor, pero no los debemos usar para culpar a nuestros padres o para excusar nuestras conductas inapropiadas actuales, porque hoy somos dueños de nuestro destino y responsables por nuestras acciones.

Por sobre todas las cosas, en cuanto a lo que uno tiene que hacer para superarse, el Dr. Alfred Adler repitió una y otra vez:

"Debes tener confianza en ti".

¡Tú PUEDES!

DESCUBRE FORTALEZAS

En gran medida nuestra autoestima será fuerte o débil al obedecer lo que constantemente nos decimos, o sea, según las cosas que repetimos, en voz alta o en la mente. Si en nuestra crianza y formación fuimos devaluados o se nos criticó demasiado, existe la posibilidad de que hayamos formado una impresión negativa de nosotros mismos, creyéndonos torpes, ineptos, etc.

Te voy a recomendar algo que en un momento dado puede salvarte la autoestima… o quizás hasta la vida misma: **hacer un inventario de tus cosas buenas.**

Bajo tu nombre escribes: "Algo bueno que yo tengo es …" y anotas tus virtudes, cualidades, logros, la ayuda que has dado a otros, las cosas que te quedan bien, tus buenos hábitos, etc.

Se llena de poquito en poquito la lista puesto que resulta muy difícil de compilar, ya que estamos más conscientes de nuestras faltas y de nuestros errores, pues se nos han señalado muchas veces. ¡Buscar las cosas buenas de uno mismo es una tarea que puede parecer casi imposible!

Ten paciencia y trabaja en tu lista cada día. Guárdala en un lugar seguro y fácil de encontrar, para que la repases hasta que te la llegues a memorizar.

En algún momento de tristeza, depresión, o cuando estés con la autoestima por el suelo porque algo te ha salido mal, o alguien te ha bajado el ánimo con

una acción o con palabras, esa lista te elevará nuevamente el ánimo.

Es bien importante recordar que vales, que
sirves, que tu vida sí vale la pena vivirla.

Después de hacer tu lista, haz lo mismo con personas que son clave en tu vida: padre, madre, pareja,
hijos, hermanos y otros.

Es un ambicioso inventario positivo.

¡Muy difícil de hacer!

Vas a tener como logro y recompensa aumentar
la autoestima en ti y en tus relacionados.

¡Te apreciarás y los apreciarás mejor!

Si puedes, en algún momento, dile sus cosas
buenas a los demás – señala lo bueno que ves en las
otras personas.

¡Verás los resultados!

*

*A continuación puedes escribir los nombres de
seres queridos a quienes les reconocerás sus fortalezas:*

_____   _____

_____   _____

_____   _____

_____   _____

¿Necesitas más papel?

DÁ RECONOCIMIENTO

El sociólogo Michael Obstaz sugirió una idea genial para fomentar autoestima. A tono con las tendencias de premiar grandes logros en el quehacer humano, sugiere premiar también a la persona común cuyas contribuciones facilitan el curso de tu vida.

Personas que llevan a cabo sus tareas con amor, afán y dedicación. No necesariamente sobresalen, pero sus contribuciones a la sociedad y a la vida misma, son inmensurables; por eso es justo que acá entre nosotros, a un nivel más cercano, les demos reconocimiento.

Y no te equivoques, ¡tú también puedes darte este reconocimiento!

Algunas de las categorías que propone Obstaz me han inspirado a redactar descripciones a mi estilo, con ciertas modificaciones que nos pueden ayudar a identificar cuáles de nuestros amigos, familiares o compañeros de trabajo se merecen ese aplauso.

Tú puedes rendirle tributo a los méritos de esa persona con algún tipo de certificado, tarjeta, carta, placa, o un simple obsequio, precedido por unas palabras, frente a un grupo de sus allegados.

Estas son algunas de las categorías y sus descripciones:

* **El amigo más leal.** El que dice presente cuando se le necesita y brinda su ayuda sin entrometerse, dejándole saber a sus amigos lo importante que son para él.

* **El padre (o la madre) más comprometido**. Ofrece apoyo y aliento, dice las cosas sin regañar. Firme o flexible, según sea necesario, facilita la maduración y el crecimiento en sus hijos.

* **La persona más persistente**. Dedicada a su misión, no se rinde ni retrocede. Sabe lo que quiere y a dónde quiere llegar. Se esfuerza cada día por conquistar sus objetivos y trabaja incansablemente hasta lograr sus metas, sacándole el jugo a cada minuto de cada hora.

* **La persona más llana**. No busca recompensas ni símbolos de riqueza. Honesta y de muy claro propósito, hace con entusiasmo y dedicación su trabajo, por humilde que éste sea.

* **La persona más genuina**. Sin pretensiones, de mucha espontaneidad y total sinceridad. No presenta fachadas, ni necesita patrocinar modas y apariencias, rechaza lo vano y superficial.

* **La persona más constante**. Sin bombos ni platillos, se mantiene firme en sus labores, sirviendo al prójimo con gusto, fervor y simpatía. Realiza las tareas que mantienen funcionando la maquinaria de la sociedad en que vivimos.

* **La persona más consciente**. Se ocupa de identificar lo que hace falta en cada situación y actúa para remediarlo. Su contribución al bienestar general va mucho más allá del deber. Se dedica a hacer de éste un mejor mundo, inspirando a quienes le conocen.

* **El mejor ser humano**. Posee la capacidad de vivir la vida plenamente, con actitud positiva y mente imperturbable. Se preocupa por aprender cada día un poco más sobre sí y sobre los demás. Da constantemente, sin esperar recompensa, y aunque no se note. Siempre se puede contar con esta persona para que aclare las cosas con imparcialidad y justicia. Obra bien.

¿Cuántas personas así conocemos?

Lo más seguro son muchas.

¿Eres tú una de éstas?

Posiblemente nadie se ha tomado la molestia de decirle a estos héroes comunes tan siquiera algo como: *"Muchas gracias por ser como eres"*.

No es tarde, reparte reconocimiento para que fomentes la autoestima de los demás… y la tuya también crecerá. **¡TÚ PUEDES!**

Muchas veces, las personas ordinarias hacen cosas extraordinarias … y nadie se da cuenta.

<u>Maneras de dar refuerzo positivo:</u>

* *La forma como miras.*
* *Lo que dices y cómo lo dices.*
* *Tus gestos y tu sonrisa.*
* *El saludo afectuoso.*
* *Una señal de aprobación.*
* *Un sincero apretón de manos (ni muy fuerte ni muy flojo).*
* *Una palmadita de felicitación.*
* *Unas palabras de aliento.*

MODELANDOTE:

¿Sabes de alguien que se haya superado pese a todo?

Nombre:_____

¿ Qué fortalezas ha demostrado esa persona?

Anótalas:_____

_____

_____

_____

Describe <u>tus fortalezas</u> o <u>clave personal</u> para el éxito:

_____

_____

_____

_____

_____

¿AGUILA O GALLINA?

Recorriendo su finca, el agricultor recoge un ave maltrecha que encuentra tirada a la orilla del camino. Le brinda primeros auxilios y la alimenta. Careciendo de una jaula, la coloca en el corral con las gallinas.

Pasan las semanas y al ir a inspeccionar el gallinero recuerda al ave. Para su sorpresa se da cuenta de que es un aguilucho – un águila joven; pero más sorprendido aún observa que éste se comporta como los pollos, picoteando maíz y revoloteando como las gallinas, que no pueden volar. (Estaba programándose.)

El asunto le hizo mucha gracia y se lo contó a los demás agricultores de la comarca que convierten en chiste lo del "águila con complejo de gallina".

Pasa el tiempo y el águila, ya vieja y madura, había vivido su vida creyéndose gallina (igual que alguna gente). *Unos días antes de expirar, nota algo que le hace mirar al cielo. Allí ve un ave majestuosa sobrevolando. Al inquirir, le contestan: "Es un águila. La reina de las aves, la que más alto vuela. Si hay tormenta se eleva sobre las nubes y nada le afecta".*

"¡Quién pudiera ser así!" – suspiró el pájaro. Días después murió, como vivió: creyéndose gallina, siendo en realidad un águila (como alguna gente).

El cuento tiene otro final, muy diferente. Después de leerlo, tú puedes escoger el final que mejor te acomode en la decisión de ser ¿águila o gallina?

Cuando el agricultor se dió cuenta de que tenía un aguilucho en el corral de las gallinas, lo sacó de allí inmediatamente diciéndole: "Tú no eres gallina, eres águila, tú puedes volar tan alto como quieras".

Lo lanzó al aire, pero el asustado aguilucho (programado por lo único que conocía), se puso a revolotear cual gallina y cayó estrepitósamente al suelo (como alguna gente).

Pero el agricultor no se dió por vencido.

Subiéndose al techo de su rancho, le repitió con firmeza: "Tú no eres gallina, tú puedes volar alto y lejos, ¡eres un águila!" y volvió a lanzarlo al aire.

¡Incrédulo y temeroso, el aguilucho se estrelló una vez más! (como alguna gente).

En ese momento el agricultor recordó que para protegerse, las águilas construyen los nidos en los altos riscos de las montañas y que llegado el momento, la mamá águila juguetea con su aguilucho hasta llevarlo al borde, lo empuja al vacío, y éste aprende a volar.

Llevando al aguilucho hasta el borde más alto de un risco cercano le dice: "**¡Tú Puedes!** Cumple tu destino... te programaste gallina pero en verdad eres águila. Mereces volar alto, recorrer los cielos y llegar tan lejos como quieras".

Y con ese mensaje lo lanzó.

Revoloteando frenéticamente, el aguilucho temía un trágico final... pero su verdadera esencia se apoderó de todo su ser... extendió las alas... y como águila que era... **¡Voló!**

*"Nadie sabe cuan alto podrás volar ...
hasta que te atrevas a extender tus alas."*

Axioma motivacional.

✭

*"... y levantarán alas como el águila y no se
cansarán."*

Isaías 40:31, en La Biblia.

RECETA PARA AUTOMOTIVARTE :

VISION
"¡Sé lo que quiero !"

IMAGINACION
Créalo en tu mente,
y créelo en tu corazón.

CONFIANZA
"¡Yo voy a mí!"

PREPARACION
Prepárate bien:
para lo mejor y para lo peor.

ACCION
"¡Adelante voy!"

PACIENCIA
Sin prisa, pero sin pausa.

RESPONSABILIDAD
"¡Esto lo escogí yo!"

Sé lo mejor

Si no puedes ser pino alto y robusto
que en la cumbre se baña de esplendor
no te aflijas por ello, sé arbusto,
pero entre los arbustos sé el mejor.

Si eres césped solo en la pradera,
embellece el camino con tus flores,
y si tan sólo un pececillo fueres
sé el encanto del lago donde mores.

No podemos todos ser capitanes:
si nadie es tropa, el esfuerzo es vano.
No tan sólo hay lugar para titanes;
tenemos obra al extender la mano.

Si no fueras camino, sé vereda.
Sé una estrella. si no fueras Sol.
No el ser grande es la gloria verdadera;
cualquier cosa que seas... sé lo mejor.

Autor desconocido

Ser:
Vivir.
Volar.
Sonreír.
Amarse más.
Reírse a menudo.
Regar las plantas.
Repartir amabilidad.
Dar con generosidad.
Trabajar con empeño.
Pensar cuidadosamente.
Actuar responsablemente.
Pagar las cuentas a tiempo.
¡Y que cada día sepa a Navidad!

EL APRENDIZAJE CONTINUO

*Podemos aprender de todo,
de todos… y en todo momento.
Cada experiencia es nueva,
cada instante único e irrepetible.
Venimos al mundo con un gran vacío
que vamos llenando de conocimiento
…constantemente.
En la vida dejamos de aprender
con la última exhalación.
¡Pobre de aquel que crea que lo sabe todo!*

EL CICLO DE APRENDIZAJE

Aprendemos al tener una experiencia…
si reflexionamos activamente sobre ésta.
De no hacerlo, podríamos llegar
a conclusiones equivocadas,
prejuicios, complejos o supersticiones.
Una vez derivado el aprendizaje
de la reflexión activa,
se nos convierte en valioso
si le encontramos aplicación, o sea,
al visualizar como podemos utilizarlo
en un futuro.
En esa ocasión tendremos una nueva
experiencia – y el ciclo se repite.

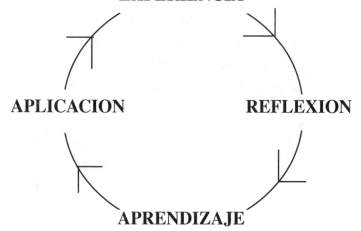

EN LA ESCUELA DE LA VIDA

"La escuela de la vida", no tiene períodos de vacaciones, ni días de fiesta, ni vuelta a clases.

Es a tiempo completo.

Siempre hay nuevas lecciones que aprender, asignaciones y proyectos que atender, ¡y no se puede uno dormir en los laureles!

Es cuestión de dejarse llevar por la corriente, manejando y controlando la embarcación para poder llegar adonde uno se propone (aunque a veces no nos ayude la brisa y tengamos que remar).

En el desarrollo físico hemos llegado a la madurez, pero en todo momento estamos "creciendo": en conocimientos, experiencias y sentimientos, cada día aprendemos algo nuevo, nos "estiramos" un poco más – somos más sabios.

La clave está en ver las cosas de una manera distinta. Las situaciones no tienen que cambiar, sólo debe cambiar nuestra interpretación de las mismas.

Por ejemplo, si tenemos alguna dificultad con alguien, en vez de mortificarnos, identificamos ese asunto como nuestra próxima "área de crecimiento", una nueva lección en la escuela de la vida.

Si nos sentimos fracasados y volvemos a caer en la desesperanza, sabemos que vamos a pasar un tiempo deprimidos, hasta que se nos mejore el estado de ánimo. Así es el proceso. No te asustes. Nos sucede a todos.

Sin embargo, ahora tal vez escuchemos una voz

interior que nos haga recordar: *"Es tu área de crecimiento, acéptala y en su momento atiéndela"*. Así nos llegará un suspiro de alivio, porque al cambiar el enfoque lo veremos todo distinto.

¡A crecer se ha dicho!

Las reglas de la escuela
1- **Llegar temprano.**
2- **Ser amable.**
3- **Decir la verdad.**
4- **Dar el máximo.**
5- **Darle más importancia al aprendizaje que a las calificaciones.**

.

La escuela de la vida nos enseña todo el tiempo.

Por eso no debemos sentirnos mal cuando saquemos alguna mala calificación, pues lo importante es nunca darse de baja, seguir creciendo, practicando y **aprendiendo**, aunque uno sepa que en la escuela de la vida no habrá graduación ni fiesta.

Aunque, pensándolo bien ... ¡sí hay graduación!

✭

***Siempre tendremos espacio...
para crecer.***

TUS AREAS DE CRECIMIENTO

El concepto de "área de crecimiento" (mi traducción de *"growing edge"*), era nuevo para mí. Lo aprendí de David Gershon y Gail Straud en un taller al cual asistí en el Instituto Omega en el estado de New York.

Esta idea ha transformado como afronto situaciones difíciles: ahora las identifico como áreas en las que debo realizar un esfuerzo para superarme. Eso me cambia el estado de ánimo, impulsándome hacia la acción y motivándome grandemente.

Al reconocer que tengo la capacidad de adaptación, puedo manejar mejor los eventos, puedo dejar de señalar culpas, no juzgo ni hago comparaciones.

No me "pre-ocupo" y sí me ocupo de lo que se me hace difícil, pues eso es precisamente lo que me toca aprender y superar.

Aunque esto suena fácil, no lo es. Es sumamente difícil, pues las malas costumbres y los viejos resabios siempre buscan ponerse de frente. El error ocurre cuando olvidamos que estamos creciendo y nos dejamos atrapar en un problema. Entonces volvemos a mortificarnos, haciendo a los demás responsables por como nos sentimos y pretendemos que las cosas y las personas cambien. Misión imposible.

Lo único que podemos hacer que cambie es lo que llevamos dentro de la ropa puesta.

> ### _Lo básico de la vida se aprende en Kindergarten:_
>
> _"No le hagas a otro lo que no te gusta que te
> hagan a ti._
> _Hay que compartir con las demás personas._
> _No hacer trampas, jugar limpio._
> _Las cosas hay que ponerlas en su sitio._
> _Cada cual limpia lo que riega._
> _Se pide perdón cuando se hace algo malo._
> _Cada día se aprende algo nuevo._
> _Cada día se debe trabajar y se debe jugar."_
>
> Robert Fulghum

SIEMPRE SE APRENDE

Del exitoso autor, educador y ministro Robert Fulghum, algunos pensamientos sobre la educación, con mis comentarios:

√ "En todas las circunstancias de la vida, en todo momento, cada persona está aprendiendo algo". (Si no lo nota, o no le gusta, aprenderá cuando acepte la lección.)

√ "Hay tantas maneras de aprender, como hay personas. No existen maneras únicas de aprender". (Cada individuo tiene su forma de procesar lo que recibe, aprendiendo a su manera.)

√ "No existe nada que todo el mundo deba saber". (Cada cual tiene prioridades según su escala de valores. Lo tuyo no tiene que interesarle a otros.)

√ "Debemos aceptar las consecuencias de lo que no sabemos". (Lo que no conoces te puede limitar, y si te incomodan esas limitaciones, puedes aprender.)

√ "Existen muchas maneras de ser humano". (Yo soy como yo soy, y está bien que así sea... tú eres como tú eres, y está bien que seas así... él es como es y está bien, etc., etc., etc., etc., etc.)

√ "La mayor lección que puedes impartir es enseñar como aprender". (Mejor enséñale a alguien como pescar que darle pescado – así podrá comer siempre, aunque tú no estés presente.)

De todo, siempre se aprende.

¡Tú PUEDES!

¡TÚ PUEDES!

"Aunque fracase, yo nunca pierdo…
porque siempre aprendo algo."

Luis Roberto Morales, M.A.

DESARROLLA LA IMAGINACION

Fortalecemos la nueva programación al hacer ejercicios de visualización, sentándonos tranquilos con los ojos cerrados e imaginándonos vívidamente el objetivo ya logrado.

Puedes hacerlo también al buscar el sueño de noche.

Es importante que cuando te veas en tu fantasía, hagas un esfuerzo por crear el sentimiento de logro, la emoción del triunfo. Así se graba más profundamente, creando un patrón que se solidifica con cada repetición del ejercicio mental, de manera que la visualización se llega a convertir en una especie de piloto automático que te irá guiando casi imperceptiblemente, hasta que en su momento, te llevará a alcanzar el objetivo deseado.

Pero al piloto automático hay que programarlo.

En su excelente libro titulado: "Cómo tomar decisiones y solucionar problemas racionalmente", nos enseña el Dr. José R. Navas una fórmula para adiestrar el ojo mental de la imaginación. Las personas que se quejan de que no pueden visualizar, pueden ir así ejercitando su capacidad para la imaginación.

Primero, debemos relajarnos cómodamente y después pensamos imágenes de cosas familiares, por ejemplo, la cara de alguien, nuestro dormitorio, o algún lugar conocido, etc.

Para ir perfeccionando el arte de crear escenas

completas, traemos a la mente el recuerdo de sonidos como el de la lluvia... la voz de un amigo... de un cantante... alguna música... el sonido de un auto... el del despertador, etc.

Luego, intentamos imaginar otras sensaciones: el fuerte sabor de un limón (vívidamente imagínatelo ahora mismo)... recuerda a lo que sabe tu pasta de dientes... una cierta bebida, etc.

Ahora recuerda la fragancia de tu colonia... de tu comida favorita... algún olor que no te guste, etc.

También se recrea imaginariamente la sensación de mucho frío... de calor... de tener sed... hambre.

Así vamos aprendiendo a imaginar y visualizar, para cuando nos dispongamos a programar nuevas actitudes y conductas.

Para ensayar un evento futuro y motivarnos utilizamos todo el equipo: la memoria, los sentidos y la emoción.

Ejercita tu imaginación.

¡Tú PUEDES!

"La imaginación es más valiosa que el conocimiento."

Albert Einstein

✶

Todo lo que se ha creado ... primero ha sido... imaginado.

172

RESPIRA CORRECTAMENTE

Respiras, pero ¿sabes respirar correctamente?

Todo el tiempo lo haces, sin pensarlo. De no ser así no vivirías, pues sin oxígeno sólo se puede vivir unos instantes.

A través de los pulmones la sangre limpia los desperdicios celulares que ha recogido en los capilares y las venas, luego sale rumbo al corazón cargadita de oxígeno. De allí es enviada a través de las arterias a todas partes del cuerpo, revitalizándonos los órganos; pero cuando la sangre no recibe suficiente oxígeno, no se limpia totalmente de las toxinas y éstas vuelven a circular. La falta de oxígeno y las impurezas deterioran todo el organismo y provocan estados emocionales depresivos, ansiedad y fatiga.

¡No en balde es importante respirar bien, y profundamente! Así, tomamos mucho más oxígeno para repartir, y botamos más desperdicios cada vez que exhalamos.

Según vamos creciendo, es mayor nuestra inactividad y hacemos menos respiraciones profundas. ¿No has notado cómo pasamos gran parte del tiempo sentados? Es buena idea hacer más ejercicio aeróbico ("aero" viene de aire).

En el Oriente se practica la respiración consciente como disciplina común y han desarrollado muchos ejercicios que nosotros en Occidente hemos ido aprendiendo; en especial gracias al Yoga.

EJERCICIOS DE RESPIRACION

1- El suspiro provocado. Nuestro cuerpo suspira naturalmente al sentir alivio. Toma una honda respiración, suelta todo el aire de golpe por la boca emitiendo un sonido con la exhalación y luego sonríe, aliviándote. Practícalo cuanto sea necesario para aliviar la tensión emocional, de una hasta diez veces corridas.

2- Concientizando la respiración. Pon una mano en el pecho, la otra en el vientre, y nota cual sube cuando tomas aire. Si sube la del pecho es que estás respirando con la parte superior de los pulmones, lo que te dará poco oxígeno. Si al tomar el aire subes el vientre, entonces estás llenando los pulmones a capacidad. Toma aire por la nariz y luego "sóplalo" por la boca. Eso hará que al volver a inhalar logres llenarte "desde abajo" primero y continuadamente hasta arriba (ayúdate un poco abriendo y subiendo el pecho).

3- Respiración profunda rápida. Para llenarte de oxígeno rápidamente, haces varias veces lo siguiente: exhala por la boca soplando, hasta que saques todo sin que quede ningún aire residual. Ahora, inhalas desde abajo hasta el tope abriendo el pecho. Cierra el ciclo con una exhalación súbita tipo suspiro y una sonrisa, o repitiendo el proceso varias veces más.

Ejercita la respiración.

Respira correctamente.

¡Tú PUEDES!

RELAJATE

La terapia bio-energética del Dr. Alexander Lowen, propone que las tensiones se acumulan en las partes del cuerpo relacionadas con nuestros temores.

Por ejemplo, el empleado que no se atreve a decirle algo al jefe que lo acosa, puede desarrollar tensión en el cuello y las quijadas; quien se preocupa mucho por el futuro, puede desarrollar trastornos intestinales; los que se echan todos los problemas y las responsabilidades encima, acumularán tensión en los hombros y en el lomo de la espalda, etc.

Un buen ejercicio es cerrar los ojos y recorrer el cuerpo con la mente, preguntándonos: "¿Dónde hay tensión?" Al descubrirla, apretamos esa tensión más fuertemente y luego la soltamos súbitamente, pensando: *"Yo causo mi tensión y yo alivio mi tensión"*.

Nos quedamos quietos y reflexionamos sobre las posibles causas de la tensión que se nos acumuló allí. Luego continuamos buscando otras partes tensas y repetimos el proceso de alivio. Este ejercicio lo podemos hacer sentados, recostados en el suelo o en la cama.

Otra forma es relajarnos sentados dándonos las instrucciones: *"Cuello suelto"*; *"Cabeza flotando"*; *"Espalda derecha"* y *"Respiración suave y profunda"*. Instantáneamente sentirás gran alivio de las tensiones musculares que acumulas en el cuello y la espalda.

Relájate… **¡Tú PUEDES!**

MEDITA CON TU RESPIRACION

Meditar con la respiración es un método natural y muy sencillo. Unicamente tienes que fijarte en la inhalación y si quieres, pensar: *"Estoy inhalando"*, y mentalmente cuentas: *"Uno"*, poniendo la boca en forma de media sonrisa. Luego al exhalar: *"Estoy exhalando"*, y mentalmente cuentas: *"Dos"*. Sigue repitiéndolo, contando hasta diez con los ojos cerrados o abiertos, como sea tu comodidad en ese momento. Lo puedes hacer de diez, en diez muchas veces o como por diez, quince, hasta veinte minutos.

Siempre la boca esboza una media sonrisa.

Naturalmente nuestros pensamientos tienden a irse al futuro, planificando o repasando lo que pueda pasar, o volver al pasado, revisando, recordando cosas buenas y malas, distrayéndonos de lo que debemos estar atendiendo, que es: ¡el momento presente!

Una excelente manera de aliviar y de evitar el estrés, es concentrar la atención en la respiración y de ahí a lo que estamos vivenciando, para concentrarnos mejor en la tarea. Así nos libramos del diálogo mental, quedándonos tranquilos y satisfechos con lo que está sucediendo AHORA.

Este estilo de meditación se basa en una técnica muy reconocida y poderosa llamada *"mindfulness"*.

¿Mi versión personal de esta meditación? Inhalar pensando: ***"Dios"***, y exhalar pensando: ***"Conmigo"***. *"Dios...conmigo"*. Piénsalo al respirar.

APRENDE DEL PSICOLOGO

Existen diversos métodos, infinidad de técnicas, principios y prácticas pertinentes a la conducta humana que demuestran la manera en que personas con inquietudes o necesidades de índole personal y/o profesional, pueden aprender con la ayuda de un psicólogo.

Los temas son muchos y variados: estrés, divorcio, autoestima, asertividad, hábitos, comunicación efectiva, toma de decisiones, crianza, sexualidad, manejo de ansiedad, depresión, relaciones interpersonales, clarificación de valores, sentimientos de culpa, pérdida, y otros.

Estos principios psicológicos de utilidad cotidiana inspiran mayor satisfacción de vida, y ayudan al desarrollo de destrezas interpersonales, manejo de situaciones críticas y ajustes a la transición en etapas de la vida, capacitándonos para solucionar nuestros problemas con mayor efectividad.

Muchas personas tienen que luchar con el estigma que asocian a eso de "necesitar y buscar ayuda profesional", pensando que los identifica como "locos". Aclaremos que buscar ayuda no es señal de debilidad, sino que es muestra de que se persigue un propósito: la **superación**. Al mismo tiempo se comprueba que uno no es el único que está experimentando dificultades, pues otros también pasan por las mismas situaciones.

En fin, que la psicoterapia no es otra cosa que un proceso educativo que acelera el crecimiento.

Mejorando la autoestima

El denominador común en un gran número de disfunciones sociales y psicológicas es la baja autoestima. El individuo necesita auto-reafirmarse internamente para adquirir y mantener una imagen positiva de sí mismo. Puede aprender una estrategia que le permita pensar de forma constructiva y creíble, combatiendo las ideas de la "programación". De lo contrario continuará devaluándose y provocándose sentimientos de culpa, vergüenza, inferioridad e inadecuación.

Una vez atendido ese déficit, la persona fortalece su confianza, recobra el entusiasmo, adquiere una visión del mundo más optimista y se torna productiva.

Manejo de Ansiedad

La ansiedad al enfrentar situaciones que nos resultan amenazantes es una experiencia que de alguna u otra manera todos hemos vivido. Se puede dar en casos tan sencillos como los estudios académicos, o tan complejos como el proceso de revalidación en muchas profesiones tales como la abogacía, la medicina y la misma psicología, entre otras, donde hay que controlar los nervios ante los temidos exámenes.

La comunicación efectiva

Las técnicas de comunicación efectiva son parte integral del repertorio del psicoterapeuta.

Mediante destrezas de atención e influencia,

tales como preguntas abiertas, el parafraseo y el reflejo de sentimiento, se crea la empatía entre las personas. Se puede aprender eso para mejorar la comunicación de pareja, con sus hijos, de supervisor a supervisado, entre jefe y secretaria, vendedor y cliente, etc.

Además, se cubrirían tópicos como la expresión verbal, el lenguaje corporal y en algunos casos, técnicas de negociación, como hablar en público y hacer presentaciones, etc. Lamentablemente, pocas personas conocen y dominan estas técnicas, por lo que sufren de pobre comunicación y deterioro en sus relaciones.

La asertividad

La amplia gama de situaciones donde la asertividad es clave puede ir desde el inicio de una conversación con algún extraño, hasta el diferir sobre asuntos de trascendental importancia con algún colega o rival profesional. El poder distinguir entre agresividad, pasividad y asertividad, el controlar la negatividad mental y poder defender los derechos propios y los ajenos sin perder el control emocional ni sentir ansiedad, culpa, coraje o temor, son algunos de los valiosos beneficios que obtiene el que aprende estas estrategias psicológicas.

En resumen, que las personas necesitan adiestrarse en disciplinas que les permitan funcionar mejor en sus quehaceres diarios. La educación académica tradicional no llena esas necesidades educativas, pero los psicólogos pueden enseñarlas, pues repito: la psicoterapia es un proceso educativo.

¡DISCIPLINATE!
*Retando tu programación y
cambiando tus pensamientos.
* Creando rutinas
y maneras efectivas de funcionar.
* Evitando distracciones y
manteniéndote en curso.
* ¡Jamás te rindas!

Motívate con este lema:

**"Hago lo que tengo que hacer,
aunque no me guste,
sin excusas,
¡lo hago ahora!"**

LA ACCION DECIDIDA

No es lo mismo decidirse a actuar,
que actuar con decisión:
"Tres sapos estaban posados sobre una peña
cuando uno de ellos decide saltar.
¿Cuántos sapos quedaron sobre la peña?"

Hay un sinfín de cosas que tú puedes hacer,
dando pequeños, medianos…
o grandes saltos hacia tu destino.
Realizando acciones,
simples o complejas
que te brinden satisfacción.
¡Tú PUEDES ponerte en acción!

*"Puedes dar unos pasos hacia atrás
y observar el panorama mayor de la
vida, para darte cuenta de que lo que
te está sucediendo a ti,
no es tan grave como parece."*
W. Mitchell

BORRON Y CUENTA NUEVA

En ocasiones escuchamos decir que somos responsables de todo lo que nos pasa en la vida. ¡Es difícil entender lo que eso significa! Suceden cosas imprevistas que sorprenden y nadie en su sano juicio escogería pasar por situaciones desagradables.

Aclararemos ese concepto: de lo que en realidad nos hacemos responsables es de nuestra experiencia de lo que nos acontece; la interpretación que le damos a los hechos, y la importancia, el valor positivo o negativo que les asignamos.

Los hechos son neutros, incoloros, simplemente suceden. Son malos o buenos, según lo que pensamos.

Los pensamientos van tejiendo la alfombra sobre la que caminamos día a día. Insisto: ¡Cambia tus pensamientos y cambiarás tu vida! Literalmente serán diferentes las cosas que te pasen, porque las verás de otro color, con nuevos ojos.

Sé de personas que desde niños le han dado un feo sabor a sus experiencias sintiéndose víctimas o albergando resentimientos contra los demás, o contra la vida misma, hasta culpando a Dios por sus tragedias. Es en verdad muy lastimoso vivir la vida con lentes ahumados o gríngolas puestas. ¿Cómo la vives tú?

¡Qué mucho nos castigamos! Como si nos odiáramos y quisiéramos sufrir para pagar eternamente nuestras culpas. Para eso, señoras y señores, existe el famoso: "Borrón y cuenta nueva".

"Una idea repetida suficientes veces será eventualmente aceptada como verdadera."

Axioma propagandístico

EL PODER DE LAS AFIRMACIONES

Es altamente debatible la posibilidad de "borrar" la antigua programación, y de hecho, cualquier alteración requeriría largo tratamiento psicoterapéutico. Sin embargo, podemos crear surcos neuronales alternos, imprimiéndole conceptos más apropiados, utilizando una estrategia que refuerce la autoestima y que sea muy efectiva para crear nueva programación mental.

Yo recomiendo usar "afirmaciones", una técnica que se ha venido usando desde hace muchísimo tiempo. Asumo que no está científicamente probada, pero entiendo que es una manera sencilla de incorporar la ayuda del subconsciente a nuestra gestión de lograr cambios de comportamiento y actitudes. ¡No pierdes nada con tratar!

Te voy a dar la muy sencilla recetita de esta técnica de las afirmaciones. Primero defines lo que quieres redactando una simple oración. Por ejemplo:

"Tener éxito en mi trabajo".

Usa términos bastante generales para que el curso de los acontecimientos fluya con facilidad, pues se supone que si somos demasiado específicos en el detalle, va a ser más difícil lograr un resultado enteramente satisfactorio. Tenemos que confiar en esa *Inteligencia Superior* que sabe lo que en verdad nos conviene.

Otro ejemplo: si estás en una situación de soledad, puedes afirmar que tu objetivo es "tener amigos", o más general aún "encontrar amistad". Lo que quiero decir es que no escribas como si estuvieras pidiendo por catálogo: *"Una docena de amigos que sean profesionales, de ambos sexos, elegantes y bien parecidos"*, etc., etc.

En este caso sería buena idea escribir la oración fraseándola así: *"Ahora yo* (ahí pones tu nombre), *puedo encontrar amistad"*. Eso hará tu afirmación más estratégicamente convincente.

Pueden haber mandatos internos contrarios, así que el segundo paso servirá para identificar los que le presenten resistencia a tu objetivo:

√ En un papel en blanco trazas una línea de arriba abajo. Arriba a la izquierda escribes la afirmación y en el lado derecho de la línea escribes el primer pensamiento negativo que aflore. De seguro será uno bastante derrotista, como: *"Esto no va a funcionar"*, *"Es una pérdida de tiempo"*, *"Es algo imposible"*, *"No vas a poder"*, o cosas así.

√ Sigues escribiendo cada vez la afirmación positiva en el lado izquierdo y lo que te venga a la mente después, en el lado derecho.

Ante la insistencia de la nueva programación positiva notarás que la resistencia va a comenzar a disminuir poco a poco y cada vez se irán produciendo pensamientos menos pesimistas. En un momento dado quizás surjan pensamientos de aceptación.

Continúa hasta que no quede duda ni negatividad alguna por salir, que la columna de la derecha contenga una total reafirmación positiva. ¡Esa será una victoria muy importante!

Ahora, para solidificar esa nueva programación

con la afirmación positiva, escríbela en otra hoja de papel (esta vez sin hacer la raya) en grupos de tres en tres, de la siguiente manera:

La escribes tres veces, en primera persona, como es: *"Ahora yo, _____ (tu nombre), puedo tal cosa"*.

La vuelves a escribir tres veces, pero como si fuera otra persona quien te lo está diciendo a ti, en segunda persona: *"Ahora tú, _____ (tu nombre), puedes tal cosa"*. Por último, tres veces en tercera persona: *"Ahora, _____ (tu nombre), puede tal cosa"*.

Escríbela así, de tres en tres, muchas veces, hasta que te aburras o te canses.

Esta técnica para auto-programarnos y combatir las actitudes negativas que inconscientemente están saboteando nuestros objetivos en la vida, se parece a los castigos que daban en la escuela; escribir tantas veces: *"No volveré a _____"*. En realidad persigue un propósito similar al envolvernos pensando, escribiendo, leyendo una y otra vez un mismo mandato.

Recuerda que después de redactar la afirmación positiva, inicialmente escribimos todo pensamiento negativo que salga después de cada repetición. Esto nos hará conscientes de los bloqueos internos.

Luego afianzamos las afirmaciones escribiéndolas en repeticiones haciendo grupos de tres oraciones: en primera, segunda y tercera persona.

De niños fuimos grabando las impresiones sobre nosotros de igual manera: las pensábamos y nos las decíamos nosotros mismos, o las escuchábamos cuando los demás nos las decían y también nos enterábamos al escuchar a los demás hablando de nosotros sin que nos estuvieran dirigiendo el mensaje directamente.

Puedes escribir tu afirmación muchas veces, todas las noches, durante un sinnúmero de días, hasta que sientas que ya va formando parte de tu sistema de creencias, convirtiéndose en un hábito mental.

También recomiendan escribir las afirmaciones en una cartulina, pegándole imágenes relacionadas sacadas de revistas, o dibujadas, haciendo un cartel, como en un proyecto de escuela. Parece infantil, pero a muchos les funciona. De seguro te resultará divertido.

En dicho cartel, o "poster" es bueno añadir la frase: *"En el nombre de Dios"*, pintar o colocar alguna imagen religiosa porque en tu crianza debe estar programada la creencia de que las cosas se dan: *"Si Dios quiere"*. Invócalo y refuerza tus sentimientos religiosos.

También es buena idea colocar tarjetitas o papelitos pegados en diferentes lugares, con recordatorios de la afirmación. En estos, sencillamente escribes la afirmación en primera persona: *"Puedo tal cosa"*, y otros en segunda persona: *"Puedes tal cosa"*.

Te sugiero que más adelante, en una libreta especialmente dedicada a este proyecto, te pongas a trabajar con tus afirmaciones positivas.

La idea es interrumpir, alterar, modificar la programación, ir de negativo a positivo.

¡Tú PUEDES!

UN SECRETO PROFESIONAL

Pssst... si no lo habías notado... los títulos de mis tres libros son afirmaciones en segunda persona presentadas en forma de mandatos positivos provenientes de una figura de reconocida autoridad, en mi caso, un doctor en psicología que enfáticamente te dice: *"¡Atrévete! ¡SUPERATE! ¡Tú PUEDES!"*

También en mi colección de *"cassettes"* titulada"Supérate con meditaciones", utilizo las afirmaciones como elemento central y los títulos de cada ejercicio son en sí poderosas afirmaciones. Aquí están algunos de los títulos, por si los quieres usar como modelo o inspiración para tus afirmaciones:

"Yo alcanzo mis metas."
"No me preocupo demás."
"Yo obtengo éxito económico."
"Hay tranquilidad en mí."
"Yo manejo bien mi tiempo."
"Siempre resuelvo los problemas."
"Mi autoestima es sólida."
"Yo vivo con entusiasmo."
"Tengo buena memoria."
"Soy una persona positiva."
"Yo defiendo mis derechos."
"Me sé comunicar bien."
"Puedo manejar mis emociones."
"Hay amor en mi vida."
"Puedo vencer los miedos."
"Soy saludable."

*Quien rechaza lo que la vida le ofrece,
pensando que más adelante...
se le puede presentar algo mejor,
corre el peligro de quedarse esperando
lo que muchas veces no llega y terminar
finalmente "sin la soga y sin la cabra".
"¡Más vale pájaro en mano...
que ciento volando!"*

CULTIVA EL BUEN HUMOR

Los que crecimos leyendo las "Selecciones del Reader's Digest" siempre recordamos con agrado la sección de chistes titulada: "La risa, remedio infalible". En inglés, "Laughter is the Best Medicine", o sea, la mejor medicina es reírse.

Hoy día la ciencia está corroborando lo que la sabiduría popular ha venido proclamando por cientos de años: saber reír mantiene buena la salud.

El buen sentido del humor es una defensa contra la depresión y el derrotismo.

El autor estadounidense Norman Cousins, basó su libro "Anatomy of an Illness" en la terapia que él mismo se aplicó, y con la que pudo retrasar su muerte dos veces superando enfermedades mortales.

Las universidades estudian los efectos de la terapia de la risa. Hasta el seriote de Sigmund Freud estudió el buen humor.

Cuando reímos, tenemos descargas de hormonas endorfinas que son los tranquilizantes naturales que reparan el cuerpo. Además, por las rápidas respiraciones que hacemos al reírnos, le damos una sobreoxigenación al sistema. Se tonifica el organismo y la mente tiene como una especie de corto circuito que nos borra momentáneamente las preocupaciones.

Al instante, nos sentimos mejor y vemos las cosas de forma diferente.

Tuve una clienta que rápidamente mejoraba

cuando yo lograba hacerla reír.

Hay sociedades de terapistas estudiosos del humor y muchos teorizantes, incluyendo a Albert Ellis, que usan y recomiendan el humor.

En ciertas tribus africanas le asignan de compañero a quien haya perdido un ser querido, a una persona de la tribu que sea muy chistosa.

Si no podemos cambiar las situaciones difíciles, por lo menos podemos cambiar nuestra actitud frente a éstas, y el humor ayuda muchísimo.

Los expertos en comunicación saben que el humor hace que las personas reciban mejor los mensajes y que retengan la información. Hay ejecutivos que lo utilizan para motivar a su gente.

Una advertencia: cuidado con la clase de chistes. Deben ser apropiados y de buen gusto. Los chistes de burla que ridiculizan a algo o alguien, pueden ser armas de doble filo. El sarcasmo puede percibirse como insulto o provocación.

Hay que tener cuidado de no hacer sentirse mal a otros con nuestros comentarios o chistes. Usando el humor responsablemente, practicándolo con gracia y espontaneidad puede llegar a ser una de nuestras más efectivas herramientas para lidiar con las situaciones del diario vivir.

Aprende a reírte de ti y de las cosas que te pasan. Es mejor que llorar.

¡Tú PUEDES!

¡SONRIELE A LA VIDA!

Sonríele a la vida...Preséntale tu mejor cara a los problemas... "A mal tiempo buena cara." Esa es la sabiduría de los pueblos.

Escuchando y analizando los refranes podemos percatarnos de sólida información de origen folklórico, popular, que andando el tiempo, es corroborada por la ciencia.

Un ejemplo es el asunto de la sonrisa, que ha recibido merecida atención de los investigadores científicos. Lo más reciente que se estudia, es la conexión entre la sangre que fluye al cerebro, y la contracción de músculos en la cara reflejada en la posición de los labios.

Se ha hipotetizado que cuando la boca se torna hacia arriba como en la sonrisa, la sangre llega con más presión al hipotálamo, el área del cerebro que registra las sensaciones de placer y dolor.

De la misma forma, podríamos explicar cómo el que está triste cierra el paso de la sangre, al entornar la boca hacia abajo.

Nos hace sentir bien el sonreír. De igual forma, cuando nos sentimos bien, ¡hasta nos reímos solos!

Existe también la terapia de la sonrisa: para cambiar de estado de ánimo sonríe de cincuenta a cien veces corridas (como haciendo ejercicios).

Para sentirte mejor, sonríete más.

¡Tú PUEDES!

"Una sonrisa cuesta poco
y produce mucho,
no empobrece a quien la da
y enriquece a quien la recibe.
Nadie hay tan rico que pueda vivir sin ella,
y nadie tan pobre que no se la merezca.
Una sonrisa alivia el cansancio,
renueva las fuerzas
y es consuelo en la tristeza."

Anónimo

DISFRUTA LA VIDA

¡Qué rápido se va el tiempo! ¿Verdad? ¿Es que ahora el reloj anda más rápido, o es que nosotros vivimos más apresurados?

Hoy existen muchos estímulos que nos ocupan, preocupan, distraen y aturden. Por eso no sacamos tiempo para darnos tiempo: tiempo de vivir con calma, saboreando horas, días, semanas, meses, años, décadas.

Puedes tomar las cosas con más calma, sin prisa y abandonando la desesperación. Acéptalo, el tiempo pasa solo.

Organiza tu vida alrededor de este tema: darte más tiempo para disfrutar.

Aprende a apreciar las cosas buenas de la vida: la compañía de seres queridos... la naturaleza... la gente con sus peculiaridades... observar nuestros procesos mentales... responder a aquello que nos atrae, entretiene o divierte... atender nuestros cuerpos... cultivar nuestro intelecto... mejorar las relaciones... dar mantenimiento al lugar donde vivimos y a las cosas que tenemos... abrazar lo que inspira nuestra fe... servirle a los demás.

Deléitate con las increíbles obras de arte que pueden ser un atardecer y un cielo azul lleno de nubes.

No tienes que correr al ritmo de la alborotosa música moderna porque está de moda; haz tu propia moda, sigue tu propia música, marca el ritmo de tu propia vida. Vive más y mejor cada momento.

Disfruta la vida. **¡Tú PUEDES!**

*Nuestros contactos sociales deben ser
frecuentes y positivos.
Le damos seguimiento a las relaciones y
procuramos quedar bien con la gente,
para mantener abiertas las puertas.*

*Es bueno amigarse con la gente:
los vecinos, compañeros de trabajo,
el guardián, los amigos de nuestros hijos, etc.*

No se pierde nada con ganar amigos.

SE TU MEJOR AMIGO

En una discusión en que participé el otro día se estaban debatiendo recomendaciones sobre como tratarnos mejor a nosotros mismos. Creo que te pueden interesar algunas de las cosas que sugirieron allí.

A ver que te parece ésta: no te critiques a ti mismo. La crítica tiene connotaciones negativas. Es preferible que te aceptes como eres. Así podrás comenzar a cambiar, pero sólo si te aceptas como eres ahora. Si te criticas, tus cambios se basarán en lo negativo.

Otra idea: no te asustes con los pensamientos catastróficos de tu programación negativa. Cuando te vengan a la mente cámbialos por algo agradable. Trátate como tratarías a alguien que quieres mucho. Serías paciente, gentil y considerado con esa persona a quien aprecias, pues hazlo igual con tu propia persona.

No te castigues por tus pensamientos negativos. Son parte de la función normal de la mente. El asunto es no darles tanta importancia.

Tampoco te sientas mal ni culpable por sentir coraje. Es una emoción común y muy natural. Acepta tu coraje pero controla tus acciones... que no se desboquen con el coraje tus actos o tus palabras.

Levántate el ánimo recordando todas las cosas buenas que has hecho y las bondades de tu carácter.

Atrévete a pedir ayuda. Si necesitas algo, no dejes que el orgullo te limite y por su culpa te quedes sin resolver lo que te hace falta. Pide ayuda. Al que le piden ayuda le gusta. A la gente le gusta ayudar. Se sienten necesitados e importantes.

Cuida tu cuerpo, tu salud. No abuses de los extremos, ni comas, ni bebas en exceso. Preferiblemente no fumes, porque se sabe que eso es mortal. Aliméntate bien, con sentido de equilibrio y sin excesos. Ejercítate pero hazlo con cuidado y moderación. En fin, cuida tu vehículo terrestre, el cuerpo, el único que tienes.

Para finalizar, una recomendación bien curiosa que escuché: trabaja contigo frente al espejo. Felicitándote, dándote ánimo, reconfortándote y amándote. Mírate a los ojos en el espejo y pronuncia frases de apoyo, felicitación y aliento: afirmaciones positivas.

Si tienes algún asunto pendiente con uno de tus padres o con ambos, puedes aclararlo hablándote a ti mismo frente al espejo como si le estuvieras hablando a tu papá o a tu mamá. En realidad, encontrarás mucho de ellos en ti y a través de tus propios ojos recibirás la impresión de tenerles al frente. También perdónalos y diles que los amas; es mejor.

CONVERSA CONTIGO

En la psicología sabemos el valor que tiene el que nos hablemos a nosotros mismos, pero ¡que nos digamos cosas buenas! Antes se creía que el hablar solo era cosa de locos, pero hoy son los psicólogos los que nos dicen que es saludable.

Yo, por ejemplo, me hablo a mí mismo como estrategia para organizarme en cuanto a las cosas que tengo que hacer. Al repasar lo que tengo pendiente y al ir a hacerlo, me doy instrucciones de lo que, paso a paso, debo ir haciendo. Cuando estoy en confusión, o cansado, o cuando algún estado emocional me nubla el entendimiento, me digo: *"Cálmate, no te deseperes, que esto va a salir bien si lo tomas suave"*, o me digo: *"Ahora, Alfred vas a hacerlo de esta manera ___"*, ya te puedes ir imaginando…

Hay ciertas oraciones que se recomiendan para la mayoría de las personas, aquí va una: *"No tengo que ser perfecto, lo estoy haciendo lo mejor que puedo"*. Otra: *"Lo que piensen de mí las demás personas no es importante, lo que es importante es lo que pienso y siento yo"*… Sigo: *"Yo sé que esto se me va a pasar (o se me va a quitar), lo que tengo que hacer es aguantar un poco"*.

Para cuando nos invaden dudas y domina la programación derrotista, nos hablamos así: *"Tengo otra idea irracional y negativa; por eso me estoy sintiendo mal. No voy a seguir pensando en eso"*.

RECUERDA QUE ...

Atender los asuntos pendientes.

Preparar desde la noche antes la ropa que te vas a poner al otro día y anotar los asuntos que atenderás.

Levantarte un poquito más temprano para hacer las cosas sin prisa durante las mañanas.

Prepararte de antemano para los momentos en que tengas que esperar – llevando un buen libro contigo.

Buscar la manera más sencilla de hacerlo todo.

Cargar una libretita donde apuntar lo que quieres recordar y lo que tienes que hacer.

Salir más temprano para las citas, de manera que puedas disfrutar del viaje (y por si acaso...).

Quitarte las presiones del tiempo y el reloj.

Tener cuidado con lo que dices, como, a quién, y en que momento lo dices.

Sentir más agradecimiento, valorando lo que es bueno por sobre lo que no.

Repartir más cariño.

Hacer buenas obras sin mirar a quien y sin que te estén mirando.

...TU PUEDES

Atender tus necesidades diligentemente.

Descansar más y tomar las cosas con calma.

Evitar trabajar los días de fiesta, fines de semana y en las horas libres. (A menos que...)

Dedicar tiempo a lo que te gusta hacer y a las personas con quien te gusta compartir.

Aprender a distinguir entre necesidades reales y gustos, caprichos o novelerías de la moda o la propaganda comercial.

Defenderte: que nada ni nadie te haga sentir inferior. (Ni siquiera tu propia programación.)

Atender el momento presente, viviendo el día de hoy, (un día a la vez.)

Aceptarte tal y como eres, sin molestarte por lo que te sobre o lo que te falta.

Perdonar los agravios.

Seguir adelante, "a pesar de..."

Sonreír.

Tener fe.

Creer en Dios.

SI LA VIDA TE DA UN LIMON ...

Existe un mal que permea nuestra tradición como sociedad y que trae consecuencias negativas de generación en generación: **no somos realistas.**

Resistimos ver y aceptar las cosas como son.

Abrigamos las esperanzas de que por arte de magia, por suerte o por obra y gracia de un poder superior, las cosas van a cambiar según esperamos.

No nos preparamos para la posibilidad de que fracase lo que intentamos y entonces, cuando no sale, ¡se nos cae el mundo encima!

Ten siempre un plan B, el segundo plan, "por si acaso". No estaría mal tener también un plan C, por si falla el otro. Así te preparas para el peor caso.

No es que seamos pesimistas y esperemos lo peor, es que si nos preparamos para el desastre o la tormenta, podemos, en confianza, afrontar lo que venga. ¡Estar siempre preparados!

Saldremos airosos aunque lo planeado no resulte, pues al estar preparados nada nos sorprende, aceptaremos lo que venga y sabremos qué hacer.

Es una vieja filosofía: *"desea, ambiciona y lucha tenazmente por lo que tú más quieres, pero nunca rechaces lo que la vida te da. Aunque no sea lo que esperabas: escoge, acepta y quiere lo que te toque, pues sólo así serás verdaderamente feliz".*

En otras palabras: si la vida te da un limón... ¡pues hazte una limonada!

Octavo _FACTOR:_

LA ESPIRITUALIDAD EN EL SERVICIO

En los caminos hacia la elevación
del espíritu están presentes la fe,
la oración y la meditación.
El primer camino es el del monje o la monja
en reclusión (o la vida de hermitaño);
el segundo es el del sacerdote, ministro,
"gurú" o la hermana de caridad que educan,
dirigen y cuidan a los fieles creyentes;
el tercero es el camino de los que hacen
grandes sacrificios por la humanidad,
llámenseles santos, locos o héroes.
Más el cuarto camino
es el del hombre y la mujer común
que cuando tienen la oportunidad
contribuyen al bienestar de algo o de alguien.
¡En el servicio crece la espiritualidad!

Mira a tu alrededor:
¿Alguien o algo necesita de ti?
¿Alguien está perdido?
Dirígelo.
¿Un niño se dio un golpe?
¡Consuélalo!
¿Hay una basura en el suelo?
¡Recógela!
¿Están haciendo un esfuerzo?
¡Apóyalos!
¿Alguien hizo algo bien hecho?
¡Apláudelo!

EL EJEMPLO DE MADRE TERESA

A mi manera de entender, el camino real hacia la espiritualidad es el servicio a la humanidad.

Puede que este relato inspire a alguien. Quizás a un joven estudiante de alguna profesión de ayuda, a un taxista, un cerrajero, un médico o un abogado...

Todos estamos al servicio de los demás.

Hace algún tiempo yo también me sentí inspirado y motivado al conocer la siguiente anécdota:

En cierta ocasión, un indiscreto periodista le preguntó a Madre Teresa de Calcutta que cómo ella podía atender con sus propias manos a leprosos y tuberculosos en condiciones terribles e insalubres, allí en las calles. Quería saber si ella sentía asco o temía por su salud.

Madre Teresa le contestó gentilmente: "Es que en los ojos de cada uno encuentro la mirada de Cristo".

Hay que ayudar a los necesitados. ¿Qué otra cosa va uno a hacer?¿ Y tú, qué? **¡Tú PUEDES!**

Haz el bien.
Obra correctamente.
Da amor.
Siembra paz y sosiego.
Pon de tu parte:
comparte con el necesitado.

DESPIERTA EL HEROE EN TI

Todos anhelamos hacer una contribución al mundo en que vivimos y nos sentimos satisfechos haciendo algo en bien del prójimo, o de la naturaleza, o impulsando una causa justa. Cada cual anhela dejar su huella por medio de una gran acción que ayude a las personas o a las futuras generaciones; pero no es tan fácil hacerlo.

No son muchas las oportunidades que se nos presentan para que realicemos admirables proezas. Son raras las circunstancias en que podemos darle un empujón definitivo a un movimiento de envergadura, o a un proyecto valioso. ¿Qué podemos hacer mientras tanto?

Aprender a poner nuestra piedrecita cada día – aunque al principio sea pequeña. Eso equivale a construir un camino, o un edificio, poquito a poquito, paso a paso, como el que coloca los bloques mientras piensa: *"¡Estoy construyendo una catedral!"*.

En mis conferencias a veces hablo del héroe que todos llevamos dormido en nuestro interior, y que a la más mínima señal, se nos despierta. ¡Despiértalo tú!

Te encanta ayudar y sentirte útil. Eso claramente se comprueba en momentos de tragedia o desastres. Te lanzas a la calle, o contribuyes al maratón, dando la mano. Pero creo que no tienes que esperar a que lleguen esos momentos para despertar el héroe que tienes dentro.

Como dije, puedes poner tu piedrecita día a día.

¿Cómo lo haces?

Mira a tu alrededor. ¿Qué está haciendo falta?

HAZ TU LA DIFERENCIA

En su libro "The Star Thrower", Lorent E. Eiseley narra el curioso y sencillo incidente que cambió su manera de ver la vida y le inspiró a escribir su libro.

Mientras caminaba por una playa vio que allí se encontraban cientos de estrellas de mar que la marea había dejado tendidas sobre la arena. No pudo evitar notar a un niño que estaba muy atareado recogiendo estrellas y lanzándolas al mar. Observó al chico por un rato y luego se le acercó, preguntándole: *"¿Por qué haces eso?"*

El niño, sin inmutarse le explicó lo obvio, que estaba lanzando estrellas al mar, porque si se quedaban en la orilla se secarían y morirían. Eiseley le inquirió: *"De tantas que son, ¿qué puede importar si salvas algunas?; no vas a lograr hacer ninguna diferencia.".*

El niño agarró otra estrella y lanzándola al mar exclamó: *"¡A ésta le va a importar muchísimo!".*

El escritor se encogió de hombros y retornó a su casa de playa, con la intención de seguir trabajando en el importante proyecto que tenía pendiente; pero no podía concentrarse. No se le quitaba de la mente aquel niño y la lección que en su ingenuidad le acababa de proporcionar. No pudo escribir ni una sola palabra en la maquinilla.

Decidió retornar a la playa... y se pasó el resto del día ayudando al niño a lanzar estrellas al mar, haciendo una diferencia.

Haz una diferencia tú también.

¡Tú PUEDES!

LOS PRINCIPIOS DEL ESCUTISMO

Juramos ser:

1- Confiables
2- Leales
3- Cooperadores
4- Amigables
5- Corteses
6- Bondadosos
7- Obedientes
8- Alegres
9- Ahorrativos
10- Valerosos
11- Limpios
12- Reverentes

ESTAREMOS SIEMPRE PREPARADOS Y ALERTAS.
HAREMOS UNA BUENA ACCION CADA DIA

MI ABUELA... EL SIDA
Y LOS NIÑOS ESCUCHAS

En los inicios de mi carrera como psicoterapeuta tuve que atender algunos de los primeros pacientes de SIDA. Aquellos eran momentos de confusión, poca información y mucha ignorancia. ¡No se sabía con seguridad cómo se transmitía la enfermedad! Existían dudas, temores y prejuicios... que todavía persisten.

Cuando amistades me increpaban con señalamientos y advertencias de que no me acercara a los pacientes porque ponía en peligro mi vida, respondía: *"Este es mi trabajo, ésta es mi misión en la vida, si se me pega el mal, pues se me pega"*. Me sentía útil.

Alguien tenía que ayudar a esas personas – yo había elegido la profesión. Lo demás se lo dejé a Dios.

Mi abuela, Doña Clemencia Arana, debió sentirse orgullosa de mí allá en el cielo, ya que ella me programó para ayudar, porque *"yo tenía una misión"*. Me decía de cariño: *"Eres mi corazón bravo"*.

Además, durante doce años yo fui niño escucha.

En el *escutismo* se aprende y se practica el servicio al prójimo. Mis principios morales y éticos son producto de haber sido *"scout"*, inolvidable experiencia que recomiendo encarecidamente para niños, niñas y jóvenes.

Afortunadamente hice lo que pensé correcto, ignorando las presiones, pues creo que ayudé a pacientes y dolientes en sus dolorosos procesos.

EL SECRETO DE "VIVIR" ...

Dar, servirle al prójimo y a la naturaleza: ese es el secreto de vivir. Pero tenemos que saber dar.

Es preferible dar y servir siendo primero auto-suficientes, sin depender de nadie, ni abusar, ni tomar ventaja, procurando tener lo necesario. (No es tan fácil.)

Para poder amar a otros tenemos que primero amarnos nosotros. (No es egoísmo, es sentido común.)

¿Has vivido para complacer a los demás o has cumplido con tus objetivos personales de ser y hacer lo que has querido? Hay una fina línea divisoria...

Si desmedidamente nos han inculcado el servicio al prójimo, esa programación familiar y cultural pudiera crearnos dificultades cuando intentamos ser leales a los intereses propios.

Debemos hacer lo correcto, claro, pero todo a su tiempo y en su justa medida, pues servimos estando fuertes y bien abastecidos. Porque si damos aquello que nos es básico o vital, nos debilitaremos tanto que al dar la mano ¡nos caeremos!

Amarás a Dios en todo lo creado, especialmente en ti, y así podrás amarlo en los demás. Ayudas efectivamente cuando puedes, tienes y estás fuerte.

Ofrecemos nuestro servicio en pro del bien común, mejorando el mundo – de alguna manera – mediante una buena acción realizada inteligentemente.

El secreto de "vivir": **fluctuar cuidadosamente entre el "yo" y el "nosotros".**

EL AMOR SOBRE TODO

En el libro "Love is the Answer", el Dr. Gerald Jampolsky y su esposa Diane Cirincione nos hablan del rol de víctima que muchas personas tienden a asumir, indicándonos lo saludable que sería el liberarnos de la mala costumbre de buscar un culpable fuera de nosotros o en nosotros mismos.

En otras palabras, que tal cual se abolió la esclavitud, debemos erradicar la culpa y que el amor, sobre todo, debe ser la base de nuestra comunicación. Que la clave para el éxito en las relaciones es eliminar los libretos, los roles y los moldes que creamos para los demás (la programación), así como también los celos, la competencia y la necesidad de depender de otros, de ser posesivos o de siempre querer controlar a la gente y los eventos. ¿Suena familiar?

¿Queremos vivir felices, o preferimos tener la razón? Esa pregunta nos hace reflexionar sobre la causa de tantas desavenencias. ¡Nadie quiere dar su brazo a torcer! No aceptamos estar equivocados o perder una discusión.

El libro de Jampolsky nos recuerda que todo lo que nos sucede en la vida es una lección positiva de crecimiento, siempre y cuando la sepamos aprovechar.

Por más terrible que nos parezca el momento que atravesamos: ¡lo atravesamos!

Podemos aprender si nos aplicamos como buenos alumnos.

Gerald Jampolsky y Diane Cirincione, inspiran sus escritos en las muchas lecciones que nos presenta la obra que guía a tantos autores contemporáneos, "Un curso en milagros".

En la sabiduría de los siglos que expresan, se encuentran las siguientes lecciones:

√ Busquemos siempre nuevas maneras de mirar al mundo.

√ Reconozcamos que lo que más nos afecta son nuestros pensamientos y actitudes.

√ La paz mental debiera ser nuestra meta principal en la vida.

√ Debemos procurar unir y no separar.

√ Podemos perdonar totalmente a nuestros padres y liberarnos del pasado.

√ La máxima sanación nos la produce el servicio a los demás.

ENCENDER UNA VELA

La organización cristiana "The Cristophers", dedicada a crear conciencia en los individuos de sus responsabilidades ante las circunstancias de la vida, tiene como lema: *"Es mejor encender una vela que maldecir la obscuridad"*.

Es fácil criticar y repartir culpas a diestra y siniestra, saliéndonos del medio y volteando la cara; pero aunque no nos toque directamente a nosotros el asunto, ¡no vamos a quedarnos con los brazos cruzados!

El padre James Keller, fundador de ese organismo, presentó una serie de inquietudes en cuanto a la clase de personas que se necesitan en el mundo cuando dijo: *"Necesitamos más individuos que siembren confianza en los demás, y menos que desalienten y descorazonen"*.

¿Habrá querido decir que en vez de señalar siempre lo que puede salir mal, debemos darle más énfasis a las probabilidades positivas? Creo que sí. Creo también que es bueno ser realistas para poder apreciar tanto un punto como el otro y no crear falsas expectativas. ¡Pero mucha gente sólo ve lo malo!

Continuó Keller: *"Necesitamos más personas que se involucren en las cosas, y menos que se sienten a ver el espectáculo"*.

¿En que grupo estás, en el de los que actúan, o en el de los que miran mientras los demás hacen? Si tú no haces nada, perderás el derecho a quejarte después.

¿Tú observas o actúas?

Añadió el padre Keller: *"Hacen falta más personas que señalen lo que está bien y menos que estén criticando y quejándose –* concluyendo *– Vamos a encender velas, ¡en vez de apagarlas!"*. Verdaderas palabras con luz para un mundo que necesita claridad.

Su sucesor, el padre John Catoir, quien fue también director de los "Christophers", o Cristóforos, propuso tres ideales que todos podemos seguir :

1- *"Toda persona tiene una misión inspirada por Dios."* Reconocer nuestra misión y sentir la satisfacción de cumplirla es la mayor motivación que uno puede tener. Así no hay dudas... y la autoestima florece.

2- *"Una persona puede hacer la diferencia."* Aún si nos parece insignificante lo que hacemos, podemos confiar en el efecto multiplicador de las buenas acciones. Ayuda en lo que puedas.

3- *"Las acciones positivas, constructivas, producen milagros."* A veces la pieza que falta es la que añadimos nosotros, quizás sólo con algunas palabras dichas apropiada y oportunamente, damos la clave para que se realice una transformación en una situación o en alguien que las necesitaba escuchar.

La organización publica mensajes simples y concentrados, en inglés y español. Los interesados pueden escribir a:

Ecos Cristóforos
12 East 48th Street
New York NY 10017

¿EXISTE LA FELICIDAD?

Pienso que el concepto felicidad es un objetivo perseguido por muchos y alcanzado por pocos.

Recuerdo que durante mis inicios en cierta disciplina, el maestro me preguntó en repetidas ocasiones que cuál era mi aspiración en la vida ¿Qué quería yo? Después de darle miles de explicaciones que él no aceptaba pues me volvía a repetir la misma pregunta, terminé por exclamar: *"¡Yo lo que quiero es ser feliz!"*.

Eso es lo que en el fondo todos perseguimos: la felicidad. Sin embargo, la felicidad no es un puerto al que se llega finalmente, tampoco es un sitio o un estado que se alcanza, donde terminan todos los problemas y los altibajos de la vida.

Si pensamos en la felicidad como el destino, nos estaremos engañando miserablemente, porque la felicidad en verdad no está al final del camino sino a lo largo del camino mismo.

Es precisamente en el trayecto, sobre la marcha, andando, que se encuentran el bienestar, la paz y la tranquilidad. Pero no como un modo permanente de ser y sentir, sino como una serie de pausas sobre la marcha; son las paradas, los descansitos en la caminata, en la lucha y la actitud con que afrontamos el caminar; como aceptamos las piedras y los hoyos de la carretera, sin maldecirla ni desear que fuera distinto.

Caminamos y disfrutamos del panorama, un

poco de fresco, lluvia y sol.

En la obra "Slaughterhouse Five", de Kurt Vonnegut, se presenta al final la fórmula de cómo ser feliz para toda la eternidad: *"Piensa sólo en los tiempos buenos"*.

Entiendo que quiere decir que hay igual cantidad de tiempos buenos y tiempos malos, pero que está de parte nuestra decidir a cuales les daremos fuerza y valor.

La elusiva felicidad se compone de *"una cadena de momentos placenteros que permanecen en nuestra conciencia"*.

No la encontrarás en ningún lugar específico, pero la puedes encontrar en cualquier parte. Así que abre bien los ojos y búscala.

Si te has preguntado:"¿Existirá la felicidad en realidad?", hallarás la respuesta cuando ayudes a los demás.

Amando al prójimo alimentas el espíritu, colmándote de gozo y felicidad.

Garantizado al 100%. Compruébalo.

¡Tú PUEDES!

PUEDES SER, O NO SER

Con toda probabilidad nuestros antepasados, los hombres primitivos, creaban sus religiones para explicar y dar sentido a todo lo que no entendían, pues al parecer los seres humanos necesitamos tener una explicación para todo y no toleramos la incertidumbre ni la ambigüedad.

Se ha teorizado que desarrollamos nuestra personalidad como individuos a partir de la grabación que hace nuestro cerebro de las experiencias que vamos viviendo desde niños, y que se "archivan" junto a las explicaciones que damos a estas experiencias o que adoptamos de otras personas.

Esa personalidad es lo que consideramos nuestro "yo". Lo que somos, nuestra identidad, es la suma de experiencias y sus explicaciones que nos define ante nosotros mismos y ante los demás. A eso es lo que se le ha llamado, entre otros apelativos, el "ego", y la "programación" emocional y mental.

Inspirándome en las premisas de la psicología transpersonal que promulgan Maslow, Anthony de Mello y otros estudiosos, siento y presiento que somos algo más que esa programación, que somos lo que está antes y detrás de ese cúmulo de datos que socialmente nos diferencia de otras personas y nos define como individuos.

Creo que detrás del "yo", de esa manufacturada personalidad que hemos ido creando, existe algo majestuoso, un YO SUPERIOR, verdadero, un ente poderoso que está en contacto con toda la *sabiduría cósmica* y con lo *divino*. Para mí, esa es la *"imagen y semejanza"* que con el correr de los años hemos ido sepultando. Ahí, muy adentro, se encuentra *la chispa divina*; la presencia del *Creador* en nosotros.

Pero nos vestimos y revestimos de nombres, experiencias y explicaciones, títulos, roles, juicios y creencias. Nos creemos que somos esa personalidad, ese pequeño "yo", el "ego", la "programación". No lo podemos evitar, se manifiesta constantemente a través de los pensamientos, o sea, de la mente, como una voz comentadora o varias voces, que raras veces callan. Todo nos lo explicamos o lo comentamos interiormente.

Como ignoramos que ese diálogo interno es un mero mecanismo producto de lo que está grabado en los trazos de las neuronas dentro del cerebro, podemos llegar a creernos que es cierto todo lo que escuchamos dentro de la cabeza.

Por eso se nos hace muy difícil el vivir nuevas experiencias sin evaluarlas o compararlas. Tendemos a juzgar lo nuevo a la luz de lo conocido. Miramos el presente a través de los filtros del pasado.

Para no olvidar lo que "sabemos", nuestro "ego" tiende a repetirnos ciertos recuerdos, dándoles vuelta y más explicaciones. La mente no cesa de producir imágenes, recuerdos, asociaciones, ni siquiera cuando estamos durmiendo.

Basándonos en lo que ya conocemos, hacemos planes, imaginándonos o preocupándonos con lo que va a suceder en el futuro, eliminando casi totalmente nuestra capacidad de, ingenuamente, maravillarnos con lo que en realidad termina sucediendo en la vida: ¡El mayor espectáculo del mundo!

Se nos hace difícil aceptar sorpresas. Si no se cumple exactamente lo que hemos proyectado, nos frustramos y sufrimos al ver que los eventos quedan por debajo de nuestras altas expectativas. Es irónico, pero cuando no ocurre el desastre que temíamos, solamente nos sentimos aliviados de forma temporal. "Porque uno nunca sabe…", comenta la voz del crítico interno presentándose con alguno de sus rasgos en dominancia: a veces lleno de temor, en otras ocasiones criticón, peleón, acomplejado, juez (o fiscal), envidioso, víctima, chismoso, rencoroso, altamente emotivo, pesimista, derrotado, lleno de remordimientos o cargos de culpa, etc. "¡STOP!"

¡Esa dichosa programación nos domina!

En la medida que podamos apreciar la vida con ojos limpios, viendo cada momento como lo que es: nuevo – y manteniendo la mente abierta, podemos ir rescatando el perdido don de disfrutar y vivir en el momento presente, aquí y ahora.

Podemos conscientemente ser lo que en realidad somos: seres que vibramos de gozo con ese único gran placer de estar vivos. ¡VIVOS!

Pensándolo bien, lo que verdaderamente somos dista muchísimo de eso que parecemos ser.

"¡Wow!" Puedes ser… o no ser.

¡TÚ PUEDES!

*"No somos seres humanos que tenemos
experiencias espirituales ...
somos seres espirituales
teniendo experiencias humanas."*
Pierre Teilhard de Chardin.

TU PARTE ESPIRITUAL

Considera esta teoría que anda circulando:

"Lo esencial del individuo, aquello que está detrás de esa personalidad programada que vamos desarrollando a través de la vida, esa parte espiritual que la religión llama alma, es el corazón mismo de nuestro ser y tiene urgencias, necesidades y fuerzas que le impulsan a actuar de cierta forma particular."

Interesante, ¿verdad?

Según dichas especulaciones existen seis hambres o apetitos espirituales que se pueden manifestar en nuestra conducta de todos los días.

Primero: **vivir**. Vivir la vida, apreciarla, celebrarla. Cuando no estamos alimentando eso y "nos apesta la vida", nuestro espíritu, como que "se nos cae".

La segunda necesidad vital: **ser libres**. Actúa libremente, sin ataduras, respondiendo a tu conciencia.

La tercera necesidad va a la par con la anterior: tomar decisiones propias. Decide tú, ese es el **libre albedrío**. Cuando no lo utilizamos perdemos control de la vida.

El cuarto punto: la urgencia de conocer y vivir **experiencias nuevas**. Eso nutre la creatividad, impulsándonos a hacer las cosas de forma más interesante, diferente, siguiendo ideas renovadoras.

La quinta fuerza impulsora: lograr **relaciones significativas**, de profundidad y valor. Las que tenemos con algunas personas con quienes nos envolvemos de lleno y nos damos, compenetrándonos, sean familiares, compañeros de trabajo, amistades o la pareja.

La sexta urgencia básica del alma es la trascendencia.

"Transcender": entrar en contacto con lo que no se vé ni se toca, el ámbito de lo divino, lo superior, lo que vislumbramos allende las personas. Se logra al apreciar la obra de la creación, en la naturaleza, un atardecer, la carita de un niño, los ojos de la abuela, la belleza interior que reconocemos en otros, el silencio reconfortante que descubrimos al meditar, la paz de la oración, la emoción del ritual religioso.

¡Qué verdad tan grande!

¡Cómo le da significado a la vida!

En ocasiones de tragedia y dolor, trascendemos la cruda realidad y encontramos el significado y la lección escondida dentro del sufrimiento.

Si pudiésemos ser fieles a los mandatos de nuestro yo interior, no habrían temores que nos inmovilizaran.

Toma por ejemplo el miedo a las ideas que puedan ser diferentes a las nuestras: nos sentimos amenazados y atemorizados cuando nos enfrentamos a todo lo que choca con nuestras creencias y "paradigmas".

Evitamos salir de la rutina y los hábitos, tanto al pensar como al actuar. Desconfiamos y no le permitimos entrar a nuestro mundo interior a casi nadie.

¡No nos atrevemos a ser sinceros!

Hoy día mucha gente se lava las manos de los

problemas comunales, de las situaciones que afectan a los demás y miran para otro lado con esa actitud de: *"Que se las arreglen como puedan, que ese no es mi problema"*.

Muchos viven una especie de religión inventada que no tiene mucho que ver con Dios: lo que adoran es el dinero, el orgullo, la posición, las cosas materiales; quieren ganar como sea, a toda costa. En vez de amar y ayudar al prójimo, muchos utilizan a las personas para desecharlas cuando han logrado su propósito.

Pero afortunadamente, eso empezó a cambiar desde que alguien pensó: *"Así no es como necesitamos ser, tiene que haber todavía algo que responda a los valores humanos"*.

Tú y yo, por lo menos, podemos intentar hacer una contribución valiosa en nuestro mundo.

No hay que ser un prócer o el gran líder de las masas. Basta con servirle al necesitado que tengamos más cerca. Puede ser un familiar, compañero de labores, o un extraño. Haremos lo que podamos con lo que tengamos, para quien lo necesite.

"Vivir experiencias humanas siendo seres espirituales." Esa es la consigna.

Tú, ahí donde estás, ahora mismo.

Vive, sé libre, decide por ti, atrévete a ser diferente. Atesora tus relaciones significativas y busca a Dios. Búscalo adentro, búscalo afuera.

¡Tú PUEDES!

EL está en todas partes.

Espera por ti con infinita paciencia.

Haz tuya esta sencilla,
pero poderosa oración:

"DIOS,
ILUMINA MI MENTE
Y SANA MI CORAZON,
PROTEGEME CON TU LUZ
Y LLENAME DE AMOR."

Repítela cuantas veces al día te acuerdes.
Usala en tu meditación.
¡Tú PUEDES!

GRACIAS A DIOS

Tenemos mucho por lo que estar agradecidos, pues pese a la incertidumbre y la vorágine de acontecimientos que cada día acelera más nuestras vidas, aún tenemos eso, precisamente: VIDA.

Vida para vivirla, si así lo elegimos, pues siempre tendremos la opción de meramente *existir*, sin sentir la sublime y dulce emoción de vibrar llenos de energía, como seres vivos, ¡con capacidad de pensar!

A partir de esos pensamientos creamos nuestra realidad, pues según nos pensamos así somos.

A continuación te invito a hacer un poco de gimnasia mental. Trata de que tus "paradigmas", la "programación", el "comité" o tu "crítico interno", no te causen un corto circuito del entendimiento, *"please"*.

Imagínate que Dios Todopoderoso es un papá sumamente complaciente, que todo lo que piensas y dices te lo convierte en realidad:

Si piensas que tú puedes triunfar, te complace.

Si dices que tienes un dolor que te está matando, te complace.

Si decides que vas a ser feliz, te complace.

Si crees que tal persona o tal asunto te va a llevar a la tumba, te complace.

La oración suprema es el darle gracias al Padre sintiéndolo con emoción de logro – antes de recibir, ¡confiando en que te va a complacer!

He estudiado y estoy convencido, de que la verdadera forma de rezar es agradeciéndole a Dios de antemano tener lo que ambicionamos o necesitamos, y no implorándole como pordioseros un favor, por compasión.

Si yo entendí el mensaje (y lo he estudiado bien), somos hijos de un Padre inmensamente bondadoso y somos herederos de lo que ha creado.

Tenemos derecho a vida abundante, a prosperidad y felicidad plena, como hijos del Rey que somos.

Pero es nuestra elección y decisión: si nos conformamos con ser incompletos, sin valor ni entusiasmo para nada, ni para vivir, o escogemos vivir plenamente, gozándonos cada instante, hasta los que parezcan duros, injustos y sufridos.

La elección es enteramente nuestra. Te recuerdo que se llama *libre albedrío*.

Yo prefiero optar por lo bueno y maravilloso de la creación.

¿Y tú?

Yo rezo dando gracias por mi vida, porque en ella existe amor, porque tiene significado y porque puedo hacer una contribución a las vidas de mis semejantes.

Y porque yo valgo mucho.

Tanto como tú.

¡TÚ PUEDES!

APENDICES

*"Toda travesía
comienza
con el primer paso."*

Confucio

RECONOCIMIENTOS

* <u>Maestros con quienes entrené</u>:
Adnan Sarham (Sufi), Rev. Kyozan Joshu Roshi (Zen), Albert Ellis, Virginia Satir, Leonard Orr, Anthony Robbins, Werner Erhard, Sondra Ray, Tolly Burkham, Peggy Dylan, Tara Singh, Jon Kabat-Zinn, Donald Michenbaum, David Burns, Bob Pike, George Abbott, Joseph Wolpe, Ira Progoff, David Gershon, Gail Straub, Gerald Jampolsky Salvador Minuchin, Octavio Rivas, Roberto Villegas Malda, Marta Beato, Luis M. Belmonte y Muriel James.

* <u>Los que tuve el honor de escuchar en persona</u>:
B.F. Skinner, Buckminster Fuller, Alfred J. Cantor, Dada Vaswani, Norman Cousins, Arnold Lazarus.

* <u>De los que aprendí a través de sus discípulos</u>:
Maharishi Mahesh Yogi,
Oscar Ichazo, Ken Keyes y José Silva.

* <u>A mis "entrenadores" en los cursos de</u>:
Firewalking, **est**, Rebirthing, Silva Mind Control, Lifespring, Arica, Análisis Transaccional, LRT, Cursillos de Cristiandad, The Way Bible Ministry, Meditación Trascendental.

* <u>Los que me utilizaron de traductor en sus seminarios</u>:
Wayne Dyer, Deepak Chopra, Brian L.Weiss, Marianne Williamson, Betty Eady y Alexander Everett.

* <u>A quienes me brindan su valioso respaldo:</u>
Lic. Salomón Levis, José Julián Alvarez,
Pedro y Patsy Lizardi, Edwin Rodríguez,
Dr. Jorge González Monclova,
Mari García Marquez, David C. Barski y
José R. Pérez.................. *¡Gracias!*

Una persona puede vivir muchas vidas
durante su vida.
Nadie está obligado a seguir una misma
programación eternamente
o regirse por los mismos "paradigmas".
Sigue la voz de tu corazón.
Deja que te inspire lo que te apasiona.
De esa manera te acercarás un poquito más
a eso que llaman felicidad.

Alfred D. Herger

EL PASADO DEL AUTOR

Muchas personas me asocian con la época del movimiento artístico-musical de los años sesenta que se conoció en Puerto Rico como "La Nueva Ola".

A continuación explicaré porqué.

Yo desperté a la música popular como fanático para el año 1958. Al tiempito grabé con sello de Guillermo Alvarez Guedes un disco de parodia musical que fue un éxito en varios mercados: "El Hombre del Satélite".

A los 16 años me estaba graduando de escuela superior, tenía programas de radio y escribía semanalmente en el principal periódico del país, "El Mundo". Entrevisté a Nat "King" Cole, Maurice Chevalier, Lucho Gatica y a muchas otras luminarias mundiales.

Pasé parte del 1959 en Estados Unidos conociendo famosos "disc-jockeys" tales como Dick Clark y Alan Freed. Era el despertar del "rock and roll", la revolución musical de la juventud. De ellos aprendí mucho rápidamente, y un tiempo más tarde adapté sus ideas haciendo mis propios programas de TV en Puerto Rico: "Teenager's Matinee" y "Twenty Ager's Club".

A través de mis programas dí a conocer muchos artistas americanos que luego presenté en persona: Paul Anka, Neil Sedaka, Bobby Rydell, Chubby Checker, Teddy Randazzo, Paul Simon (cuando se llamaba Jerry Landis), Frankie Avalon, Lenny Welch, Brian Hyland, y Ben E. King, creador de "Stand By Me". Fui estrella y empresario antes de los veinte años. Pude hacerlo.

Como lo de traer artistas norteamericanos resultaba un poco caro y complicado, viajé a Méjico, donde intenté contratar ídolos juveniles, pero opté por descubrir jóvenes con talento en Puerto Rico mismo.

Aprovechando mis programas de televisión le diseñé personalidades mercadeables a Lucecita, Chucho Avellanet, Charlie Robles, Diana, Julio Angel, Tammy, Al Zeppy y otros, grabándoles canciones americanas en español, moda desarrollada en latinoamérica con el nombre de "La Nueva Ola". Para ello fundé el sello Rico-Vox con mi padre, Bernardo "Sonny" Herger.

Si las canciones no tenían letra en castellano, yo se las hacía: temas como "Magia Blanca", "Anoche No Dormí", "El Rebelde" y muchas más.

El acompañamiento musical era auténticamente "rockero", pues me traía las "pistas" (el acompañamiento musical) de Nueva York y le añadíamos los cantantes en Puerto Rico, reproduciendo un sonido comercial, similar a las versiones originales.

Con mi "clan" juvenil hice en el "Show de las 12"de Telemundo, Canal 2, el programa "Canta La Juventud", que causó sensación. Estelarizaban Chucho Avellanet y Lucecita, dirigía Mario Pabón y producía Paquito Cordero, con quien luego me asocié para fundar "Discos Hit Parade", donde le produje discos a "Gaby, Fofó y Miliky", "Los Alegres Tres" y a muchos otros.

Contraté a Danny Rivera cuando éste inició su carrera y Nydia Caro debutó en mis programas con el "boogaloo". También produje en televisión a Papo

Román, Los Sonset, Las Caribelles y Lisette. Era la época del famoso "triángulo amoroso", pues aunque en mis programas del "Club del Clan", Chucho y Lucecita hacían de enamorados, él se casó con Lisette.

Del 2, pasé a WAPA TV y con Max Muñiz hice "Kaleidoscopio","El Programa Psicodélico" (donde debutó Iris Chacón) y "Fin de Semana Musical" con Wilson Ronda, Glorivee, Oscar Solo, Sonny, Tito Lara y otros talentos.

Manejé la carrera del compositor, guitarrista y cantante Luisito Rey, de España. Nuestra asociación duró hasta un tiempo después que nace en Puerto Rico su hijo, Luis Miguel (quien es hoy una super-estrella).

Luis Vigoreaux, padre, me lleva a programar emisoras y cadenas de radio donde además animé programas de gran audiencia en las horas de la mañana, estrenando éxitos de Julio Iglesias, Sandro, de mi compadre Marco Antonio Muñiz y otras estrellas.

En TV hice "Alta Tensión" para Panamericana Televisión, de los Hnos. Delgado Parker y con Freddy Beras Goyco; con Camilo Delgado,"Simplemente Alfred"; para Carmen Junco del Canal 11, "Cambia Cambia", "Balcón Boricua" y "Dobleuno Dominando"; para Rafa Oller en Telemundo, "La Pirámide" y para Don Tommy Muñiz en el 7, "Alfred Especial".

Finalmente, con Edgardo Díaz promuevo el grupo de niños de España "La Pandilla" (donde germinó la idea para "Menudo"), haciéndoles series de TV, giras, conciertos y produciéndoles dos películas.

A los 37 años de edad, me retiré de la farándula.

En el presente

Quiero contarles un poco de lo que hago en la actualidad. Mi trabajo como psicólogo ha tomado un giro muy interesante en los últimos años, pues gran parte de mi tiempo ahora lo dedico a dar conferencias y seminarios en mi patria, Puerto Rico y en diferentes países, pues viajo frecuentemente.

Trabajo con diferentes organizaciones, departamentos de gobierno, empresas privadas, iglesias, escuelas, bancos, grupos, asociaciones profesionales, compañías industriales, cooperativas, hospitales, etc.

Existe una gran necesidad de orientación psicológica en áreas como la comunicación y las relaciones humanas, la motivación, las ventas, el manejo de conflictos, el trabajo en equipo, la auto-estima, supervisión, liderato, servicio al cliente, etc., etc., y yo me he dedicado a suplir esas necesidades.

Es una labor que me brinda mucha satisfacción, pues está alineada al trabajo de mis antepasados, que en su mayoría fueron maestros: mi mamá, mi abuela, ¡mi abuelo fue principal de escuelas! Ahora como psicólogo yo también estoy enseñando– a mi manera – trabajando con grupos grandes, medianos y pequeños. Utilizo charlas salpicadas con anécdotas, chistes, música y ejercicios de crecimiento personal.

Hago intervenciones en radio y televisión, en especial en La Cadena Univisión, a través de la cual logro llegar a millones de personas.

Ah... y todavía sigo haciendo algo que me encanta: escribir.

AUTORES RECOMENDADOS

A través del libro he citado muchos autores o he mencionado obras que me han inspirado a escribir capítulos y segmentos. Algunos de ellos los leí en inglés y otros en español.

Si te interesó el tema de "la programación" en cuanto al <u>orden de nacimiento</u>, hay un nuevo libro *"Born to Rebel"* de **Frank J. Sulloway** sobre el tema. También está *"The Birth Order Book"* por el **Dr. Kevin Leman**. Tanto este tópico como todo lo relacionado con **Alfred Adler** y sus teorías son de su libro *"What Life Could Mean to You"* y de la obra *"Individual Psychology"* de **Manaster y Corsini**.

Del <u>Análisis Transaccional</u> hay muchísimo material, de diversos autores, pero lo más conciso y al día, en mi opinión, está en *"Staying OK"* de **Harris**.

Con la misma orientación de *"¡Tú PUEDES!"* están: *"Bouncing Back"* de **Joan Rivers**; *"Never Fear, Never Quit"* de **Joe Tye**; *"Establecer metas y alcanzarlas"*, de **Jack Lawson**; *"Deséelo y lo conseguirá"*, de **Charmichael** y *"Todo es posible"*, de **Kramer**.

En cuanto al tema de las <u>afirmaciones</u>, está **Shad Helmstetter, Ph.D.**, con *"The Self-Talk Solution"* y *"What to Say When You Talk to Yourself"*. Además hay mucho material por **Louise L. Hay**, **Sondra Ray** y el excelente libro de **Douglas Bloch**: *"Words can Heal"*.

Las teorías de **Abraham H. Maslow** citadas son de *"Motivation & Personality"*; las de **Albert Ellis** están en *"A New Guide to Rational Living"* y las de **Alexander Lowen** en *"Bioenegetics"*. Todo lo de **Carl Jung** está simplificado en *"What Jung Really Said"* de **Bennet**. Los textos académicos por otros teorizantes de la psicología que menciono, como **Beck, Rogers, Lazarus, Berne, Freud**, etc., están en las secciones de psicología en librerías y bibliotecas.

En la página seis hay una lista de mis maestros y muchos tienen libros que son pilares en mi biblioteca.

El "paradigma deportivo" es de *"Sport Science"*, por **Brancazio** y muchos logros de gente famosa son de *"When I Was Your Age"*, por **David Lewman**.

Temas afines

En cuanto a la física cuántica, y la relación mente, cuerpo y espiritualidad, el **Dr. Deepak Chopra** en *"Quantum Healing"* combina la ciencia moderna con la milenaria sabiduría encerrada en los *"Vedas"*, las escrituras sagradas de la India – que él estudió con su maestro, el **Maharishi Mahesh Yogi** (ex-gurú de Los Beatles). Otro discípulo del Maharishi, el **Dr. John Gray**, ha descollado con sus acertados libros de *"Los hombres son de Marte y las mujeres de Venus"*, para relaciones de pareja. Aparentemente la meditación desarrolla el intelecto, algo que me entusiasma, pues yo llevo más de 20 años meditando.

Personalmente me confirmó que también medita diariamente el renombrado autor y psicólogo **Wayne Dyer**, quien explica la psicología y expone conceptos espirituales prácticos en sus obras.

También recomiendo los libros de:

Brian L. Weiss (*"Lazos de Amor"*), **Andrew Weil** (*"8 Weeks to Optimum Health"* & *"Spontaneous Healing"*), **Daniel Goleman** (*"Emotional Intelligence"*), **James Redfield** (*"Profesía Celestina"* y la *"Décima Revelación"*), **Neale Donald Walsch** (*"Conversations with God"*- volúmenes 1 al 3 - y la serie de libros por **Canfield y Hansen**, *"Chicken Soup for the Soul"*, que ha sido traducida como: *"Sopa de pollo para el Alma"*, *"Chocolate caliente para el Alma"* y *"Vitaminas para el Alma"*. Los libros de **Stephen R. Covey**, enseñan hábitos para el éxito. Y para los que han perdido un ser querido *"No te mueras con tus muertos"* del psicólogo español R. J. Trossero ¡es un tesoro!

Escribir y publicar libros en Puerto Rico no es tarea fácil. Mis respetos a otros autores que en mi país se dedican a escribir obras con mensajes positivos. De cosecha reciente: **Mary Miranda** con *"Despierta, todo está en tí"*; **Nildín Comas Matos, José Díaz, Muñeca Géigel, J.R. Román, Eduardo Mattei M.D.**, el psiquiatra **Wilfredo Santa**, los psicólogos **José J. Navas Robleto, José J. Hernández, Alfonso Martinez Taboas, Alberto Tristani, Emma Cintrón, Ramón Nenadich Deglans, Carlos Varona** y otros más.

Para enfrentar las dificultades de la vida y motivarte a triunfar, además de los libros de auto-ayuda te recomiendo psicoterapia porque... "¡crecer duele!"

✱

"Lo que no te mata te fortalece"
Sabiduría popular

Como verás, siguiendo las instrucciones
hay muchas maneras de hacer una misma tarea.
Tu individualidad le imparte un sello
particular a tu trabajo. No te compares.
"Cada maestro tiene su librito" – decía mi abuela.

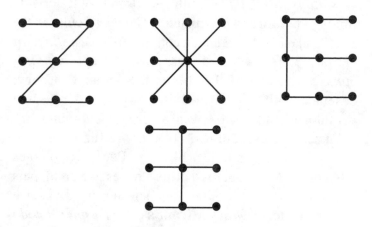

Nadie dijo que no te podías salir de los puntos.
Esta última forma es creativa – se sale de los puntos:

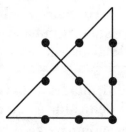

¡Ve más allá de esas limitaciones que te impones!
Siguiendo las instrucciones, ¡puedes salir de los puntos!